KB060233

완자 VOCA PICK
어떤 단계로 시작하면 좋을까?

중등수능 | 단어장에 수록된 20개의 단어 중에서 몇 개나 아는지 테스트해 보세요.

look	catch	age	enough
special	create	opinion	different
practice	delicious	afraid	teenager
several	idea	touch	cultivate
appear	favorite	suggest	honest

아는 단어가 14개 이하

모르는 단어가 많아도
걱정하지 마세요.
〈중등수능 기본〉으로
어휘 학습을 시작하세요!

아는 단어가 15~17개

아는 단어가 꽤 많네요!
〈중등수능 실력〉으로
완벽 암기에 도전해 보세요!

아는 단어가 18개 이상

거의 다 맞췄어요!
〈중등수능 고난도〉에
도전해 보세요!

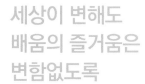

세상이 변해도
배움의 즐거움은
변함없도록

시대는 빠르게 변해도
배움의 즐거움은
변함없어야 하기에

어제의 비상은
남다른 교재부터
결이 다른 콘텐츠
전에 없던 교육 플랫폼까지

변함없는 혁신으로
교육 문화 환경의 새로운 전형을
실현해왔습니다.

비상은 오늘, 다시 한번
새로운 교육 문화 환경을 실현하기 위한
또 하나의 혁신을 시작합니다.

오늘의 내가 어제의 나를 초월하고
오늘의 교육이 어제의 교육을 초월하여
배움의 즐거움을 지속하는 혁신,

바로, 메타인지학습을.

상상을 실현하는 교육 문화 기업 비상

메타인지학습
초월을 뜻하는 meta와 생각을 뜻하는 인지가 결합된 메타인지는
자신이 알고 모르는 것을 스스로 구분하고 학습계획을 세우도록 하는
궁극의 학습 능력입니다. 비상의 메타인지학습은 메타인지를 키워주어
공부를 100% 내 것으로 만들도록 합니다.

핵심 기출 단어만 PICK 하다!

〈완자 VOCA PICK〉 중등수능 시리즈는 예비 중학생부터 **내신과 수능을 대비**하는 수험생들이 필수 및 기출 어휘를 익히고 암기할 수 있도록 중1~고1 교과서 전종과 국가수준 성취도평가, 전국연합 고1 학력평가, 수능 등 핵심 자료를 분석하고 수준별로 어휘를 엄선하여 수록하였습니다.

	예비중 - 중1	중2 - 중3	중3 - 예비고
최신 교육과정 어휘 (1,800개)	●		
중1 교과서 (2,188개)	●		
중2 교과서 (2,678개)	●		
중1~중3 듣기평가 (2,397개)	●	●	
국가수준 성취도평가 (1,321개)	●	●	●
중3 교과서 (2,686개)		●	●
고1 교과서 (4,455개)			●
10개년 고1 학평 (4,840개)		●	●
10개년 학평/모평/수능 (9,562개)	●	●	●
	기본	**실력**	**고난도**
수록 어휘 수	800	1200	1200
학습일	32일 + α	40일 + α	30일 + α

구성과 특징

주제별 중등 기본 어휘

✔ 단 1회 학습으로도 "4번 반복"이 가능한 구성
✔ 주제별 영단어 분류로 연상 학습 효과 UP!

1 Vocabulary 집중 암기

DAY 05 행동, 동작 1

📖 오늘 학습할 단어를 공부하고, 가리개를 사용해서 암기해 보세요.

118 strike [straik]
⒱ 치다; 때리다
He'll **strike** a fast ball. 기출
그는 속구를 칠 것이다.

122 bend [bend]
⒱ 굽히다
Bend forward and touch the ball. 기출
앞으로 구부려서 그 공을 만져라.

119 enter [éntər]
⒱ 들어가다; (대회에) 참가하다
The players **enter** the soccer field. 기출
선수들이 축구장으로 들어온다.

123 stretch [stretʃ]
⒱ 펴다; 늘이다
Stretch your back often. 기출
종종 너의 등을 펴라.

120 pull [pul]
⒱ 끌어(잡아)당기다
Do not **pull** the handle so hard.
손잡이를 너무 세게 잡아당기지 마세요.

124 start [stɑːrt]
⒱ 시작하다 ⒩ 시작, 출발
The lesson will **start** at 4 p.m. at the school library. 기출
수업은 오후 4시에 학교 도서관에서 시작할 것입니다.

121 (Culture) **push** [puʃ]
⒱ 밀다 ⒩ 밀기
Push the door hard, please.
그 문을 세게 밀어 주세요.

125 (학교시험) **finish** [fíniʃ]
⒱ 끝내다, 마치다
He **finished** the farm work. 기출
그는 농장 일을 끝냈다.

(Culture) push-up? press-up?
우리가 흔히 팔굽혀 펴기를 영어로 뭐라고 하는지? 미국에서는 push-up이라고 하고, 영국에서는 press-up이라고 한답니다. 어린분은 push-up(press-up)을 1분에 몇 개나 할 수 있나요?

(학교시험) finish의 목적어 형태
Q 괄호 안에 알맞은 것을 고르시오.
I finished (to clean / cleaning) the kitchen.
→ finish는 목적어로 -ing를 쓴다.
💡 cleaning

· 음원을 **바로 들을 수 있는 QR 코드** 제공
· 영단어의 발음과 뜻, 기출 예문 및 관련 정보 제공

2 Use Words 쓰면서 암기

05 Use Words

빈칸을 채우며 단어를 쓰고, 3번씩 더 익히세요.

01	put your plan into	action	나 7고다
02	your arms	fold	
03	our own house	build	
	우리만의 집을 짓다		

표현 **빈칸에 영단어를 쓰면서** 암기

3 3-Minute Check 복습

05 3-Minute Check

3일 학습한 단어의 뜻을 동영상으로 빠르게 암기해 보세요.

		Check			Check
01 action	행동, 동작	☐	steal	훔치다	☐
02 fold	접다	☐	find	찾다, 발견하다; ~을 알아내다	☐
03 build	짓다, 건설하다	☐	break	깨다, 부수다; 어긴 시간, 휴식	☐

'영단어 – 뜻'만 빠르게 최종 점검

(학교시험) finish의 목적어 형태
Q 괄호 안에 알맞은 것을 고르시오.
I finished (to clean / cleaning) the kitchen.
→ finish는 목적어로 -ing를 쓴다.
💡 cleaning

학교시험 빈출 단어의 출제 정보 제공

4 다양한 유형의 테스트 장치 응용 복습

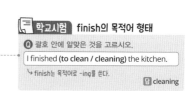

교과서 필수 / 수능유형 **확인하기**

DAY 01~16

🔑 ANSWERS p.00

A 영어는 우리말로, 우

01 elderly
02 kindness
03 beard

01 사람의 성격을 내
① lazy
② strict

02 밑줄 친 단어의 뜻

[심경·분위기 파악하기]
수능 유형
글쓴이나 등장인물의 심경이나 분위기를 파악하는 유형으로, 글의 전반적인 상황이나 배경, 글쓴이 자주 표현들에 주목한다. 심경 표현과 관련한 어휘들을 미리 알

다음 글에 드러난 'I'의 심경으로 가장 적절한 것은?
One day I **caught** a taxi to work. I **found** a brand-new ce phone on the back seat. I asked the driver, "Where did you **drop** the last **person off**?" and I **showed** him the phone. He **pointed** at a girl walking up the street. We drove up to her. **rolled down** the window and told her about her cell phone. She was very thankful. When I saw her face, I could tell how

드릴 유형, 내신 유형, 수능 유형의 다양한 테스트 제공

* Daily Test는 학습자료실(book. visang.com)에서 다운로드받아 활용해 보세요.

REPEAT II · 빈출도순 중등 기본 어휘

✓ REPEAT I 에서 학습한 영단어 800개를
빈출도순으로 재구성한 어휘 학습

Vocabulary Again 반복 암기

DAY 33 빈출도 180회 이상

단어와 뜻을 읽으며 빈칸에 알맞을 말을 쓰세요.

528 some [sʌm]	한 몇 개의, 약간의 부 약간	571 first [fə:rst]	부 처음; 우선 ___
242 look [luk]	동 ___ 명 (pl.) 외모	500 well [wel]	부 잘, 훌게 감 이런; 좋아
408 help [help]	명 도움 동 돕다	234 sound [saund]	명 소리 동 ~하게 들리다
171 thank [θæŋk]	동 ___	187 idea [aidí(:)ə]	명 ___
486 great [greit]	형 대단한; 좋은; (크기가) 큰	683 picture [píktʃər]	명 사진; 그림
400 take [teik]	동 사다; 가지고 가다; ~을 타다; (사진) 찍다	583 right [rait]	형 오른쪽 오른쪽의 부 오른쪽으로
561 then [ðen]	부 그 다음에; 그러면; 그때	185 need [ni:d]	동 필요하다 명 필요
061 person [pə́:rsən]	명 ___	767 world [wə:rld]	명 ___
128 meet [mi:t]	동 만나다	534 much [mʌtʃ]	형 많은 부 많이
684 favorite [féivərit]	형 ___ 명 좋아하는 사람[물건]	241 watch [wɑtʃ]	명 ___ 동 보다
193 sure [ʃuər]	형 확신하는 감 그럼요	213 dialogue [dáiəlɔ̀(:)g]	명 대화
035 nice [nais]	형 다정한, 친절한; 훌륭한		

Answer
242 보이다; 보다 171 감사하다 061 사람 684 가장 좋아하는 571 첫 번째의 187 생각, 발상 767 세상, 세계 241 손목시계

234 · 중등수능 기본

암기 보조 장치

미니 단어장
휴대가 간편한 미니 단어장으로
800개 영단어를 틈틈이 암기 가능

모바일 앱 '암기고래'
'암기고래' 앱에서 어휘 듣기와
어휘 퀴즈를 이용하여 암기 가능

"앱 다운로드" ≫ 일반 모드 입장하기

≫ 영어 ≫ 비상교육 ≫ 보카픽

✛ 기호 정의 및 기출 예문 출처 ✛

명 명사 | 동 동사 | 형 형용사 | 부 부사 | 접 접속사 | 전 전치사 | 대 대명사

한 한정사 | 감 감탄사 | ≫ 숙어

교과서 교과서 기출 | **성취도** 국가수준 성취도평가 기출 | **듣기** 시도교육청 듣기평가 기출

수능 대학수학능력시험 기출

차례

REPEAT II 빈출도순 중등 기본 어휘

N회독으로 암기하라!
학습 전략 제안

<완자 VOCA PICK 중등수능 기본>이 제안하는 시간과 노력이 절약되는
"REPEAT I, II별 우선 암기 전략"을 따라해 보는 건 어떨까요?

제안 1 REPEAT I부터 학습

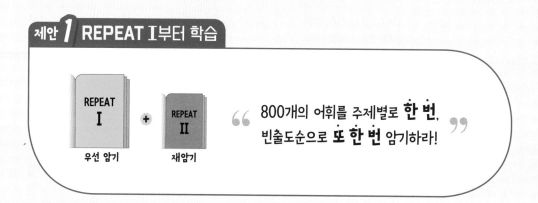

REPEAT I
우선 암기

+

REPEAT II
재암기

" 800개의 어휘를 주제별로 **한 번**,
빈출도순으로 **또 한 번** 암기하라! "

⬇⬇

REPEAT I 주제별 어휘를 먼저 1회 학습(4회독)하고,
REPEAT II 빈출도순 어휘로 반복 학습(1회독)하여 완벽한 5회독 학습 효과를 노리는 학습자에게 추천!

	어휘 노출	학습 활동	코너 및 학습 가이드
REPEAT I	1회	읽고, 듣고, 예문 해석하며 암기하기	**Vocabulary** • MP3를 들으면서 발음과 뜻 학습 • DAY당 25개의 어휘를 '영단어 - 뜻' 위주로 암기 • 예문 해석과 다양한 코너를 통해 영단어의 쓰임 파악 • 가리개를 활용해서 암기 여부 확인하며 학습
	2회	단어를 유추하여 반복하여 쓰면서 암기하기	**Use Words** 우리말 뜻에 맞춰 주어진 표현을 완성하는 활동을 통해 영단어를 여러 번 쓰면서 암기
	3회	눈으로 암기 여부 최종 확인하기	**3-Minute Check** 눈으로 빠르게 영단어와 뜻을 훑으며 암기 여부 최종 확인
	4회	테스트를 통해 기억 환기시키기	**TEST : Wrap Up + 교과서 필수 단어 확인하기 + 수능 유형 확인하기** 학습한 영단어들을 다양한 유형의 테스트를 통해 재점검
REPEAT II	5회	새로운 학습 환경과 조건에서 재암기하기	**전체 영단어 재암기** • REPEAT I에서 공부한 영단어를 빈출도순으로 재정렬하여 새로운 학습 환경에서 재암기 • 랜덤으로 나오는 빈칸 문제를 우리말 뜻을 넣어 해결

제안 2 REPEAT II 부터 학습

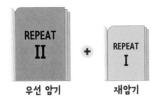

REPEAT II 우선 암기 + REPEAT I 재암기

빈출도순 어휘부터 **빠르게 한 번**,
주제별로 **또 한 번** 암기하라!

⬇

REPEAT II 빈출도순 어휘를 우선 암기하고,
REPEAT I 주제별 어휘로 재암기하여 빠르고 확실한 2회독 학습 효과를 노리는 학습자에게 추천!

	어휘 노출	학습 활동	코너 및 학습 가이드
REPEAT II	1회	눈으로 보고, 문제를 풀며 암기하기	**Vocabulary** • 빈출도순으로 정렬한 단어 800개를 '영단어 - 뜻' 위주로 암기 • 빈칸 문제를 풀며 암기 여부 확인
REPEAT I	2회	듣고, 보면서 암기 여부 최종 확인하기	**3-Minute Check / 미니 단어장** • MP3를 들으면서 영단어의 발음과 뜻 확인 • 눈으로 빠르게 영단어와 뜻을 훑으며 암기 여부 확인

➕ 자투리 시간에 활용하는 암기 장치

암기 보조 장치를 상황에 맞게 추가로 활용하고 싶은 학습자에게 추천!

미니 단어장
휴대용 미니 단어장을
항상 소지하면서
등하굣길에 틈틈이 단어를 듣고
외울 수 있습니다.

Daily Test
book.visang.com의
학습자료실에서 일차별
Daily Test를 다운로드 받아
테스트 할 수 있습니다.

APP
'암기고래'를 검색하여
App을 다운로드 받아
영단어 발음과 뜻을 확인하고
퀴즈를 풀 수 있습니다.

학습 계획표

제안 1 학습 계획표   REPEAT I 부터 학습 + 미니 단어장

5회독 학습 효과가 있는 **'REPEAT I 부터 학습하기'** 전략에서 나아가 미니 단어장을 통해
추가 반복 학습을 진행하여 '6회독 학습 효과'를 내는 **40일치 학습 계획표**입니다.

* **기본 학습**은 'REPEAT I 부터 학습하기' 전략에 따라 본책의 DAY별 전 코너를 학습하는 계획입니다.
* **반복 학습**은 미니 단어장을 활용하여 복습하는 방식으로 구성합니다. 개별 학습 패턴에 따라 일차별 코너를 선택하거나,
  암기 보조 장치를 반복 학습으로 활용하는 것도 가능합니다.
* 학습을 마무리하면 DAY 01 과 같이 완료 표시를 하면서 끝까지 완주해 보세요!

DAY 01 6회독!

	1일차	2일차	3일차	4일차	5일차	6일차	7일차	8일차
기본 학습 (REPEAT I, II)	DAY 01	DAY 02	DAY 03	DAY 04	DAY 05	DAY 06	DAY 07	DAY 08
반복 학습 (ex. 미니 단어장)		DAY 01	DAY 02	DAY 03	DAY 04	DAY 05	DAY 06	DAY 07
	9일차	10일차	11일차	12일차	13일차	14일차	15일차	16일차
기본 학습	DAY 09	DAY 10	DAY 11	DAY 12	DAY 13	DAY 14	DAY 15	DAY 16
반복 학습	DAY 08	DAY 09	DAY 10	DAY 11	DAY 12	DAY 13	DAY 14	DAY 15
	17일차	18일차	19일차	20일차	21일차	22일차	23일차	24일차
기본 학습	DAY 17	DAY 18	DAY 19	DAY 20	DAY 21	DAY 22	DAY 23	DAY 24
반복 학습	DAY 16	DAY 17	DAY 18	DAY 19	DAY 20	DAY 21	DAY 22	DAY 23
	25일차	26일차	27일차	28일차	29일차	30일차	31일차	32일차
기본 학습	DAY 25	DAY 26	DAY 27	DAY 28	DAY 29	DAY 30	DAY 31	DAY 32
반복 학습	DAY 24	DAY 25	DAY 26	DAY 27	DAY 28	DAY 29	DAY 30	DAY 31
	33일차	34일차	35일차	36일차	37일차	38일차	39일차	40일차
기본 학습	DAY 33	DAY 34	DAY 35	DAY 36	DAY 37	DAY 38	DAY 39	DAY 40
반복 학습	DAY 32	DAY 01~08	DAY 09~16	DAY 17~24	DAY 25~32	DAY 01~16	DAY 17~32	DAY 01~32

미암기 단어 위주로 누적 반복 학습

REPEAT II 부터 학습 + 3-Minute Check/미니 단어장

REPEAT II의 빈출도순 어휘를 '영단어 - 뜻' 위주로 암기하고,
REPEAT I의 일차별 코너 중 3-Minute Check나 미니 단어장을 반복 학습으로 복습함으로써
'2회독 학습 효과'를 내는 2주치 학습 계획표입니다.

	1일차	2일차	3일차	4일차	5일차	6일차	7일차
기본 학습 (REPEAT II)	DAY 33	DAY 34	DAY 35	DAY 36	DAY 37	DAY 38	DAY 39
반복 학습 (REPEAT I)	DAY 01~04	DAY 05~08	DAY 09~12	DAY 13~16	DAY 17~20	DAY 21~24	DAY 25~28
	8일차	9일차	10일차	11일차	12일차	13일차	14일차
기본 학습	DAY 40	DAY 39	DAY 38	DAY 37	DAY 36	DAY 35	DAY 34
반복 학습	DAY 29~32	DAY 01~08	DAY 09~16	DAY 17~24	DAY 25~32	DAY 33	DAY 40

나만의 학습 계획표

자신에게 맞는 방법과 코너로 구성된 **나만의 학습 계획표**를 짜서 스스로 암기해 보세요!

	1일차	2일차	3일차	4일차	5일차	6일차	7일차	8일차
기본 학습								
반복 학습								
	9일차	10일차	11일차	12일차	13일차	14일차	15일차	16일차
기본 학습								
반복 학습								
	17일차	18일차	19일차	20일차	21일차	22일차	23일차	24일차
기본 학습								
반복 학습								
	25일차	26일차	27일차	28일차	29일차	30일차	31일차	32일차
기본 학습								
반복 학습								
	33일차	34일차	35일차	36일차	37일차	38일차	39일차	40일차
기본 학습								
반복 학습								

I

주제별
중등 기본
어휘

단어를 암기할 때 **앞뒤쪽 책날개**를 뜯어서
단어 뜻 가리개로 활용하세요.

인생, 외모

📖 오늘 학습할 단어를 공부하고, 가리개를 사용해서 암기해 보세요.

---

001 life [laif]

(명) 삶, 인생

Show me the city **life**. 교과서

내게 도시의 **삶**을 보여 줘.

---

002 live [liv]

(동) 살다

I **live** in cold weather. 듣기

나는 추운 날씨에서 **산다**.

---

003 age [eidʒ]

(명) 나이; 시대

He is at your **age**.

그는 너의 **나이** 또래이다.

▶ the Ice Age 빙하 시대

---

004 young [jʌŋ]

(형) 어린, 젊은

They look **young** and smart. 교과서

그들은 **어리고** 영리해 보인다.

---

005 old [ould]

(형) 나이가 많은, 늙은

He is an **old** king. 교과서

그는 **나이가 많은** 왕이다.

---

006 youth [juːθ]

(명) 청년, 젊은이; 젊음

We play soccer in the **youth** club. 교과서

우리는 그 **청년** 클럽에서 축구를 한다.

▶ in one's youth 젊은 시절에

---

007 marry [mǽri]

(동) 결혼하다

Go and **marry** the woman. 교과서

가서 그 여자와 **결혼해라**.

---

008 death [deθ]

(명) 죽음

I'm sorry for her **death**.

그녀의 **죽음**을 알게 되어 유감입니다.

숙어

009 birth [bəːrθ]

(명) 출생, 탄생

The kitty weighs 110g at **birth**. 교과서

새끼 고양이는 **출생** 때 몸무게가 110g이다.

💡 숙어 **give birth to**: 아이[새끼]를 낳다

• She'll **give birth to** a child next week.
  (그녀는 다음 주에 아이를 낳을 것이다.)
• Did the horse **give birth to** twins?
  (그 말이 쌍둥이를 낳았나요?)

010 cute [kjuːt]

(형) 귀여운
Look at the **cute** boy in the picture!
교과서 사진 속의 **귀여운** 남자아이를 봐!

011 pretty [príti]

(형) 예쁜, 귀여운 (부) 어느 정도, 꽤
Pretty flowers make her happy. 교과서
예쁜 꽃들이 그녀를 행복하게 만든다.

>> **pretty good** 꽤 괜찮은

012 ugly [ʌ́gli]

(형) 못생긴
What an **ugly** face!
정말 **못생긴** 얼굴이구나!

013 handsome [hǽnsəm]

(형) 잘생긴, 멋진
Look at the **handsome** actor.
저 **잘생긴** 배우를 봐.

014 beautiful [bjúːtəfəl]

(형) 아름다운
It's a **beautiful** white butterfly. 수능
그것은 **아름다운** 하얀 나비이다.

015 lovely [lʌ́vli]

(형) 사랑스러운
Your young sister looks **lovely**. 교과서
네 여동생은 **사랑스러워** 보인다.

016 charming [tʃáːrmiŋ]

(형) 매력적인
I'll be a **charming** singer.
나는 **매력적인** 가수가 될 것이다.

Culture
017 beard [biərd]

(명) 턱수염
Does he grow a **beard**?
그는 **턱수염**을 기르니?

💬 **Communication** 이유 묻고 답하기
A Why do you like James?
(너는 왜 James를 좋아하니?)
B I like him because he is kind and **handsome**.
(나는 그가 친절하고 잘생겨서 좋아.)

문화 **Culture** beard? 산타 할아버지 턱수염?
서양에서는 수염을 기른 남자들을 흔히 볼 수 있죠. 옛날부터 남자의 수염이 지혜와 원숙함을 상징했기 때문이에요. 수염을 나타내는 말 중에서도 산타 할아버지의 수염처럼 긴 턱수염을 beard라고 한답니다.

018 fat [fæt]

(형) 뚱뚱한 (명) 지방, 비계

I'm getting too **fat** for my dress.
나는 내 드레스에 비해 너무 **뚱뚱해지고** 있다.

≫ have much fat 지방을 많이 함유하다

019 thin [θin]

(형) 마른; 얇은

Do I look **thin**?
내가 **말라** 보이니?

≫ thin stripes 얇은 줄무늬

020 slim [slim]

(형) 날씬한

She is tall and **slim**. 교과서
그녀는 키가 크고 **날씬하다**.

(Voca Tip)
021 skinny [skíni]

(형) 깡마른

My friends think they are too **skinny**.
성취도 내 친구들은 자신이 너무 **깡말랐다고** 생각한다.

💡 **Voca Tip** thin vs slim vs skinny

thin ☞ 사람의 마른 외모를 묘사할 때 가장 일반적으로 씀
slim ☞ 보기 좋게 날씬한 것을 칭찬할 때 씀
skinny ☞ 보기 싫을 정도로 여윈 것을 부정적으로 표현할 때 씀

022 neat [ni:t]

(형) 깔끔한

My mom is a **neat** person.
나의 어머니는 **깔끔한** 사람이다.

023 curly [kə́ːrli]

(형) 곱슬곱슬한

The puppy's tail is really **curly**. 교과서
그 강아지의 꼬리는 정말 **곱슬곱슬하다**.

024 blond [blɑnd]

(형) 금발의

Who is that **blond** boy?
저 **금발의** 남자아이는 누구니?

학교시험
025 tall [tɔ:l]

(형) 키가 큰

Her dog is very **tall**. 교과서
그녀의 강아지는 **키가** 매우 **크다**.

📖 **학교시험** 키를 나타내는 표현

Q 괄호 안에 알맞은 것을 고르시오.

A How tall are you?
B I'm 165cm (big / tall).

↳ 키를 묻고 답할 때는 tall을 쓴다.

답 tall

01 the city _____ 도시의 삶

life   life

02 _____ in cold weather 추운 날씨에서 살다

live

03 be at your _____ 너의 나이 또래이다

age

04 look _____ and smart
어리고 영리해 보이다

young

05 an _____ king 나이가 많은 왕

old

06 in the _____ club 청년 클럽에서

youth

07 _____ the woman 그 여자와 결혼하다

marry

08 be sorry for her _____
그녀의 죽음을 알게 되어 유감이다

death

09 weigh 110g at _____
출생 때 몸무게가 110g이다

birth

10 the _____ boy 귀여운 남자아이

cute

11 _____ flowers 예쁜 꽃들

pretty

12 an _____ face 못생긴 얼굴

ugly

13 the _____ actor 잘생긴 배우

handsome

14 a _____ butterfly 아름다운 나비   beautiful

15 look _____ 사랑스러워 보이다   lovely

16 a _____ singer 매력적인 가수   charming

17 grow a _____ 턱수염을 기르다   beard

18 have much _____ 지방을 많이 함유하다   fat

19 look _____ 말라 보이다   thin

20 tall and _____ 키가 크고 날씬한   slim

21 have _____ legs 깡마른 다리를 가지고 있다   skinny

22 a _____ person 깔끔한 사람   neat

23 short _____ hair 짧고 곱슬곱슬한 머리   curly

24 that _____ boy 저 금발의 남자아이   blond

25 a _____ girl 키가 큰 여자아이   tall

		Check				Check
001 **life**	몡 삶, 인생	☐	014 **beautiful**	혱 아름다운	☐
002 **live**	동 살다	☐	015 **lovely**	혱 사랑스러운	☒
003 **age**	몡 나이; 시대	☐	016 **charming**	혱 매력적인	☐
004 **young**	혱 어린, 젊은	☐	017 **beard**	몡 턱수염	☐
005 **old**	혱 나이가 많은, 늙은	☐	018 **fat**	혱 뚱뚱한 몡 지방, 비계	☐
006 **youth**	몡 청년, 젊은이; 젊음	☐	019 **thin**	혱 마른; 얇은	☐
007 **marry**	동 결혼하다	☐	020 **slim**	혱 날씬한	☐
008 **death**	몡 죽음	☐	021 **skinny**	혱 깡마른	☐
009 **birth**	몡 출생, 탄생	☐	022 **neat**	혱 깔끔한	☐
010 **cute**	혱 귀여운	☐	023 **curly**	혱 곱슬곱슬한	☐
011 **pretty**	혱 예쁜, 귀여운 뷔 어느 정도, 꽤	☐	024 **blond**	혱 금발의	☐
012 **ugly**	혱 못생긴	☐	025 **tall**	혱 키가 큰	☐
013 **handsome**	혱 잘생긴, 멋진	☐			

외우지 않은 단어가 있으면 미니 단어장에서 다시 한번 정리해 보세요.

성격, 태도

오늘 학습할 단어를 공부하고, 가리개를 사용해서 암기해 보세요.

---

026 character [kǽriktər]

(명) 성격

She has a very unique **character**.
그녀는 매우 독특한 **성격**을 가지고 있다.

---

027 honest [ánist]

(형) 정직한

She is an **honest** person.
그녀는 **정직한** 사람이다.

---

028 honesty [ánisti]

(명) 정직, 솔직함

Honesty is the best policy.
정직은 가장 좋은 정책이다.

---

029 true [tru:]

(형) 진실한; 사실인, 진짜의

Hold back your **true** feelings. 성취도
당신의 **진실한** 감정을 억제하라.

---

030 bright [brait]

(형) 밝은; 빛나는

Look at the **bright** side of things. 듣기
상황의 **밝은** 면을 보라.

▶ bright sunshine 빛나는 햇살

---

031 dull [dʌl]

(형) 따분한; 둔한; 칙칙한

No play makes him a **dull** boy.
놀지 않는 것은 그를 **따분한** 남자아이로 만든다.

▶ dull gray color 칙칙한 회색

---

032 lazy [léizi]

(형) 게으른

Don't be so **lazy**. 교과서
너무 **게으름** 피우지 마.

---

033 friendly [fréndli]

(형) 친절한

They are really **friendly**. 교과서
그들은 정말 **친절하다**.

---

034 perfect [pə́ːrfikt]

(형) 완벽한

She found the **perfect** job. 교과서
그녀는 **완벽한** 직업을 찾았다.

💬 **Communication** 의견 표현하기

A What do you think about this painting?
(이 그림에 대해 어떻게 생각하세요?)
B I think it's perfect. Everyone would love it.
(제 생각에 그것은 완벽합니다. 모두가 그것을 정말 마음에 들어 할 거예요.)

05   10   15

---

035 **nice** [nais]

⊚ 다정한, 친절한; 훌륭한

My classmates are really **nice** and friendly. 교과서

나의 반 친구들은 매우 **다정하고** 친절하다.

---

036 **clever** [klévər]

⊚ 영리한, 똑똑한

She is a **clever** student.

그녀는 **영리한** 학생이다.

---

037 **smart** [smɑːrt]

⊚ 똑똑한, 영리한

They all look **smart**. 교과서

그들은 모두 **똑똑해** 보인다.

(Voca Tip)
038 **wise** [waiz]

⊚ 현명한, 지혜로운

He is really a **wise** man! 교과서

그는 정말로 **현명한** 사람이군요!

---

039 **silly** [síli]

⊚ 바보 같은

Do not ask **silly** questions.

바보 같은 질문을 하지 마라.

---

040 **foolish** [fúːliʃ]

⊚ 어리석은

What a **foolish** man he is!

그는 얼마나 **어리석은** 사람인지!

---

041 **calm** [kɑːm]

⊚ 침착한; 고요한

He could not stay **calm**. 수능

그는 **침착하게** 있을 수 없었다.

▶▶ **calm seas** 고요한 바다

(숙어)
042 **careful** [kέərfəl]

⊚ 조심하는

Be **careful**! It's a red light. 교과서

조심해! 빨간불이야.

💡 **Voca Tip** clever vs smart vs wise

clever ☞ 머리 회전이 빠른 영리함
smart ☞ 똑똑하고 문제를 빠르게 해결하는 영리함
wise ☞ 타고난 영리함이라기보다는 풍부한 경험과 지식을 바탕으로 한 영리함

✦ **숙어** be careful of[with]: ~을 조심하다

• Be careful of the cars!
 (차 조심해!)
• Be careful with my glasses.
 (내 안경 (깨지지 않도록) 조심해 줘.)

043 shy [ʃai]

(형) 수줍어하는

He is **shy** with girls. 교과서

그는 여자아이들과 있을 때 **수줍어한다.**

044 quiet [kwáiət]

(형) 조용한

He is always shy and **quiet**. 교과서

그는 언제나 수줍어하고 **조용하다.**

045 funny [fʌ́ni]

(형) 웃긴, 재미있는

We make **funny** faces in our selfies.

교과서 우리는 셀카로 **웃긴** 표정을 짓는다.

046 smile [smail]

(명) 미소 (동) 웃다

He has a cute **smile**. 교과서

그는 귀여운 **미소**를 지니고 있다.

» smile sweetly 귀엽게 웃다

문화 Culture smiley :)

웃는 얼굴 이모티콘을 영어로 smiley라고 하는 걸 아세요? 이는 '미소'라는 의미의 smile에서 나온 표현이에요. 영어권에서 잘 사용하는 반괄호 웃음 :), :-), :) 모두 smiley라고 부른답니다. ☺ 이모지 역시 smiley라고 하지요.

047 serious [síəriəs]

(형) 진지한, 심각한

Is she **serious** with this matter? 교과서

그녀는 이 문제에 대해 **진지한가요?**

» a serious problem 심각한 문제

048 strict [strikt]

(형) 엄격한

My grandmother was very **strict**.

나의 할머니는 매우 **엄격하셨다.**

049 polite [pəláit]

(형) 공손한, 예의 바른

It's not **polite** to say so.

그렇게 말하는 것은 **공손하지** 않다.

» in a polite manner 예의 바르게, 공손한 태도로

학교시험
050 kindness [káindnis]

(명) 친절(함)

Thank you for your **kindness**.

당신의 **친절**에 감사드립니다.

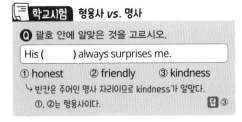

학교시험 형용사 vs. 명사

Q 괄호 안에 알맞은 것을 고르시오.

His (   ) always surprises me.

① honest   ② friendly   ③ kindness

↳ 빈칸은 주어인 명사 자리이므로 kindness가 알맞다.
①, ②는 형용사이다.   **답** ③

01 a unique _____ 독특한 성격   character   character

02 an _____ person 정직한 사람   honest

03 with _____ 정직하게[솔직하게]   honesty

04 your _____ feelings 당신의 진실한 감정   true

05 the _____ side of things 상황의 밝은 면   bright

06 a _____ boy 따분한 남자아이   dull

07 be so _____ 몹시 게으르다   lazy

08 in a _____ way 친절한 태도로   friendly

09 find the _____ job 완벽한 직업을 찾다   perfect

10 _____ to strangers 낯선 사람들에게 다정한   nice

11 a _____ student 영리한 학생   clever

12 look _____ 똑똑해 보이다   smart

13 a _____ man 현명한 사람   wise

14 a _____ question   바보 같은 질문   silly

15 a _____ man   어리석은 사람   foolish

16 stay _____   침착하다   calm

17 be _____ of the cars   차를 조심하다   careful

18 be _____ with girls   shy
    여자아이들과 있을 때 수줍어하다

19 be shy and _____   수줍어하고 조용하다   quiet

20 make a _____ face   웃긴 표정을 짓다   funny

21 have a cute _____   귀여운 미소를 지니다   smile

22 be _____ with this matter   serious
    이 문제에 대해 진지하다

23 on a _____ diet   엄격한 다이어트 중인   strict

24 in a _____ manner   공손한 태도로   polite

25 thank you for your _____   kindness
    당신의 친절에 감사하다

3-Minute Check

오늘 학습한 단어와 뜻을
최종적으로 암기했는지 확인하세요!

			Check
026 **character**	몡 성격		☐
027 **honest**	혱 정직한		☐
028 **honesty**	몡 정직, 솔직함		☐
029 **true**	혱 진실한; 사실인, 진짜의		☐
030 **bright**	혱 밝은; 빛나는		☐
031 **dull**	혱 따분한; 둔한; 칙칙한		☐
032 **lazy**	혱 게으른		☐
033 **friendly**	혱 친절한		☐
034 **perfect**	혱 완벽한		☐
035 **nice**	혱 다정한, 친절한; 훌륭한		☐
036 **clever**	혱 영리한, 똑똑한		☐
037 **smart**	혱 똑똑한, 영리한		☐
038 **wise**	혱 현명한, 지혜로운		☐

			Check
039 **silly**	혱 바보 같은		☐
040 **foolish**	혱 어리석은		☐
041 **calm**	혱 침착한; 고요한		☐
042 **careful**	혱 조심하는		☐
043 **shy**	혱 수줍어하는		☐
044 **quiet**	혱 조용한		☐
045 **funny**	혱 웃긴, 재미있는		☐
046 **smile**	몡 미소 동 웃다		☐
047 **serious**	혱 진지한, 심각한		☐
048 **strict**	혱 엄격한		☐
049 **polite**	혱 공손한, 예의 바른		☐
050 **kindness**	몡 친절(함)		☐

외우지 않은 단어가 있으면 미니 단어장에서 다시 한번 정리해 보세요.

DAY 03 가족, 호칭

📖 오늘 학습할 단어를 공부하고, 가리개를 사용해서 암기해 보세요.

---

051 aunt [ænt]

(명) 고모, 이모, 숙모

I often visit my **aunt**. 교과서

나는 종종 **고모** 댁을 방문한다.

---

052 uncle [ʌ́ŋkl]

(명) 삼촌, 고모부, 이모부

I'm going to my **uncle**'s wedding. 듣기

나는 **삼촌** 결혼식에 가는 중이다.

---

053 daughter [dɔ́ːtər]

(명) 딸

He walks with his **daughter**. 교과서

그는 그의 **딸**과 걷는다.

---

054 parent [pέərənt]

(명) 부모 (둘 중 1인), 아버지, 어머니

I'm going shopping with my **parents**.

교과서 나는 **부모님**과 함께 쇼핑 가는 중이다.

---

055 grandparent [grǽndpὲərənt]

(명) 조부모 (둘 중 1인), 할아버지, 할머니

My **grandparents** run a bookstore.

교과서 나의 **조부모님**은 서점을 운영하신다.

---

056 husband [hʌ́zbənd]

(명) 남편

My **husband** made dinner for me. 수능

남편이 나를 위해 저녁 식사를 만들었다.

---

057 wife [waif]

(명) 아내

You already met my **wife**. 교과서

당신은 이미 제 **아내**를 만났습니다.

---

058 nephew [néfjuː]

(명) (남자) 조카

My **nephew** is a shy boy.

내 **조카**는 수줍음이 많은 남자아이이다.

(Communication)

059 niece [niːs]

(명) (여자) 조카, 조카딸

That girl is my **niece**.

저 여자아이는 내 **조카**이다.

💬 **Communication** 다른 사람 소개하기

A Taeho, this is Lily. She's my **niece**.
(태호야, 이쪽은 Lily야. 그녀는 내 **조카**야.)

B Hi, Lily. Nice to meet you.
(안녕, Lily. 만나서 반가워.)

060 **cousin** [kʌ́zn]

(명) 사촌
How old is her **cousin**? 교과서
그녀의 **사촌**은 몇 살이니?

061 **person** [pə́:rsən]

(명) 사람
Every **person** in the photos looks serious. 성취도
사진 속의 모든 **사람**이 진지해 보인다.

062 **woman** [wúmən]

(명) 여자
The **woman** gave me an advice. 교과서
그 **여자**는 나에게 조언을 해 주었다.

Voca Tip
063 **lady** [léidi]

(명) 여성, 숙녀
A young **lady** arrived late. 교과서
한 젊은 **여성**이 늦게 도착했다.

064 **elderly** [éldərli]

(형) 연세가 드신, 나이가 지긋한
I have snacks for **elderly** people.
저는 **연세가 드신** 분들께 드릴 간식이 있어요.

065 **child** [tʃaild]

(명) 아이, 어린이 (pl.) children
I'm an only **child**.
나는 외동[하나뿐인 **아이**]이다.

066 **adult** [ədʌ́lt, ǽdult]

(명) 어른, 성인
Two **adult** tickets, please. 수능
성인 표 두 장 주세요.

Culture
067 **gentleman** [ʤéntlmən]

(명) 신사
I talked to a **gentleman** in a hat.
나는 모자를 쓴 **신사**와 이야기했다.

💡 **Voca Tip** woman vs lady

woman ☞ 일반적인 성인 여성을 부르는 말
lady ☞ 여성을 더욱 정중하게 부르는 말
(eg. old lady 노부인)

문화 **Culture** Ladies and gentlemen!

'신사 숙녀 여러분!'이라는 표현이 있죠? 영어에서는 Ladies and gentlemen!이라고 하며 일반적으로 청중 또는 관중을 높여 부르는 표현이랍니다.

068 princess [prínsəs]
□□

(명) 공주

You look like a **princess** today.
당신은 오늘 **공주님** 같아 보여요.

069 queen [kwi:n]
□□

(명) 왕비

When did she become the **Queen** of England?
그녀는 언제 잉글랜드의 **여왕**이 되었나요?

070 raise [reiz]
□□

(동) 키우다; 들어 올리다; 모금하다

I **raise** a dog in my house.
나는 집 안에서 개를 **키운다.**

» **raise fund** 기금을 모금하다

(숙어)
071 care [kɛər]
□□

(명) 돌봄; 조심　(동) 돌보다; 상관하다

Some children need after-school **care**.
일부 아이들은 방과 후 **돌봄**이 필요하다.

» **care about** ~에 대해 신경 쓰다

☆ 숙어　**take care of**: ~을 돌보다[처리하다]

• He **takes care of** sick people.
(그는 아픈 사람들을 **돌본다.**)
• Don't worry. I'll **take care of** it.
(걱정 마. 내가 그것을 **처리할게.**)

072 teenager [tí:nèidʒər]
□□

(명) 십 대

Teenagers can pick oranges in our farm. 교과서
십 대들은 우리 농장에서 오렌지를 딸 수 있다.

073 someone [sámwàn]
□□

(대) 어떤 사람, 누군가

The system is useful to **someone**. 교과서
그 제도는 **어떤 사람**에겐 유용하다.

074 anyone [éniwàn]
□□

(대) 누구나; 누구, 아무

This event is open to **anyone**. 수능
이 행사는 **누구나**에게 열려 있습니다.

학교시험
075 everyone [évriwàn]
□□

(대) 모든 사람

Everyone here is friendly. 교과서
이곳의 **모든 사람**은 친절하다.

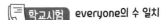 학교시험　**everyone**의 수 일치

Q 괄호 안에 알맞은 것을 고르시오.

Everyone (is / are) waiting for you!

↳ everyone은 단수 취급한다.

답 is

01 visit my _____ 내 고모 댁을 방문하다

aunt   aunt

02 go to my _____'s wedding
내 삼촌 결혼식에 가다

uncle

03 walk with his _____ 그의 딸과 걷다

daughter

04 go shopping with my _____s
내 부모님과 함께 쇼핑 가다

parent

05 stay with my _____s
내 조부모님과 함께 머물다

grandparent

06 introduce my _____ 내 남편을 소개하다

husband

07 meet my _____ 내 아내를 만나다

wife

08 a present for my _____
내 (남자) 조카를 위한 선물

nephew

09 have a _____ (여자) 조카가 하나 있다

niece

10 a _____ on my father's side
나의 아빠 쪽의 사촌

cousin

11 every _____ in the photos
사진 속의 모든 사람

person

12 a tall and strong _____
키가 크고 힘이 센 여자

woman

13 a young _____ 젊은 여성

lady

14 snacks for _____ people   elderly

연세가 드신 분들을 위한 간식

15 an only _____   외동[하나뿐인 아이]   child

16 two _____ tickets   성인 표 두 장   adult

17 talk to a _____   한 신사와 이야기하다   gentleman

18 look like a _____   공주 같이 보이다   princess

19 become (the) _____   여왕이 되다   queen

20 _____ a dog   개를 키우다   raise

21 need after-school _____   care

방과 후 돌봄이 필요하다

22 the missing _____   실종된 십 대   teenager

23 be useful to _____   어떤 사람에게 유용하다   someone

24 be open to _____   누구나에게 열려 있다   anyone

25 watch _____ closely   모든 사람을 자세히 보다   everyone

		Check
051 **aunt**	명 고모, 이모, 숙모	☐
052 **uncle**	명 삼촌, 고모부, 이모부	☐
053 **daughter**	명 딸	☐
054 **parent**	명 부모, 아버지, 어머니	☐
055 **grandparent**	명 조부모, 할아버지, 할머니	☐
056 **husband**	명 남편	☐
057 **wife**	명 아내	☐
058 **nephew**	명 (남자) 조카	☐
059 **niece**	명 (여자) 조카, 조카딸	☐
060 **cousin**	명 사촌	☐
061 **person**	명 사람	☐
062 **woman**	명 여자	☐
063 **lady**	명 여성, 숙녀	☐

		Check
064 **elderly**	형 연세가 드신, 나이가 지긋한	☐
065 **child**	명 아이, 어린이	☐
066 **adult**	명 어른, 성인	☐
067 **gentleman**	명 신사	☐
068 **princess**	명 공주	☐
069 **queen**	명 왕비	☐
070 **raise**	동 키우다; 들어 올리다; 모금하다	☐
071 **care**	명 돌봄; 조심 동 돌보다; 상관하다	☐
072 **teenager**	명 십 대	☐
073 **someone**	대 어떤 사람, 누군가	☐
074 **anyone**	대 누구나; 누구, 아무	☐
075 **everyone**	대 모든 사람	☐

외우지 않은 단어가 있으면 미니 단어장에서 다시 한번 정리해 보세요.

DAY **04** 직업

📖 오늘 학습할 단어를 공부하고, 가리개를 사용해서 암기해 보세요.

---

076 **actor** [ǽktər]

⊗ 배우

He is a musical **actor**. 교과서

그는 뮤지컬 **배우**이다.

---

077 **artist** [áːrtist]

⊗ 화가, 예술가

An **artist** is drawing pictures. 교과서

한 **화가**가 그림을 그리고 있다.

---

078 **librarian** [laibrɛ́(ː)əriən]

⊗ 사서

The **librarian** likes reading.

그 **사서**는 책 읽기를 좋아한다.

---

079 **chef** [ʃef]

⊗ 요리사

The food's name came from a Mexican **chef**. 수능

그 요리의 이름은 멕시코 **요리사**로부터 유래되었다.

---

080 **lawyer** [lɔ́ːjər]

⊗ 변호사

As a **lawyer**, I work for animals' right.

나는 **변호사**로서 동물의 권리를 위해 일해요.

---

081 **dentist** [déntist]

⊗ 치과 의사; 치과

The **dentist** took out my teeth.

치과 의사가 내 이를 뽑았다.

≫ go to the dentist 치과에 가다

---

082 **designer** [dizáinər]

⊗ 디자이너

I am a book cover **designer**. 교과서

나는 책 표지 **디자이너**이다.

---

083 **firefighter** [fáiərfàitər]

⊗ 소방관

The **firefighter** saved her from the fire. 교과서

그 **소방관**이 화재에서 그녀를 구했다.

(Communication)

084 **writer** [ráitər]

⊗ 작가

She is a game story **writer**. 교과서

그녀는 게임 스토리 **작가**이다.

💬 **Communication** 장래희망 묻고 답하기

A What do you want to be in the future?
(너는 나중에 뭐가 되고 싶니?)

B I want to be a screen **writer**.
(나는 영화 작가가 되고 싶어.)

085 **engineer** [èndʒəníər]

명 기술자

I want to be a robot **engineer**. 듣기

나는 로봇 **기술자**가 되고 싶다.

086 **farmer** [fáːrmər]

명 농부

Farmers give you lots of food. 교과서

농부는 당신에게 많은 음식을 준다.

087 **producer** [prədjúːsər]

명 제작자; 생산자

She is a record **producer**.

그녀는 음반 **제작자**이다.

Voca Tip
088 **director** [diréktər, dairéktər]

명 감독; 책임자

Did you hear anything from the **director**? 수능

당신은 **감독님**한테 뭐 들은 거 있어요?

089 **model** [mádl]

명 (의류) 모델; (상품의) 디자인; 모범

She did her best to be a **model**.

그녀는 **모델**이 되기 위해 최선을 다했다.

➡ **a role model** 모범이 되는 사람, 역할 모델

090 **judge** [dʒʌdʒ]

명 심판; 판사 동 심판하다; 판단하다

The **judge** holds his whistle in his mouth. 성취도

심판이 입에 호각을 물고 있다.

091 **pilot** [páilət]

명 조종사

She wants to be a **pilot**. 교과서

그녀는 **조종사**가 되고 싶어 한다.

숙어
092 **job** [dʒɑb]

명 직업

What's your dream **job**? 교과서

당신의 꿈의 **직업**은 무엇입니까?

Voca Tip   producer vs director

producer ☞ (감독을 선정하고 예산을 편성하는 등) 음반, 연극, 영화 제작 과정의 전체 기획을 담당하는 사람
director ☞ 영화나 연극 제작을 지휘하는 사람

숙어   **do a good job**: (어떤 일 등을) 잘 해내다

• You **did a good job** today!
  (너 오늘 잘했어!)
• I think she's **doing a good job**.
  (나는 그녀가 잘하고 있을 거라고 생각해.)

093 **poet** [póuit]

명 시인

He is a leading **poet**.

그는 일류 **시인**이다.

097 **doctor** [dáktər]

명 의사

Did you see an animal **doctor**? 듣기

당신은 수**의사**에게 가봤어요?

094 **player** [pléiər]

명 선수

Players ski on the sand. 교과서

선수들은 모래 위에서 스키를 탄다.

098 **singer** [síŋər]

명 가수

The **singer** is young and talented. 교과서

그 **가수**는 어리고 재능이 있다.

095 **scientist** [sáiəntist]

명 과학자

Scientists think in a different way.

교과서 **과학자**들은 다른 방식으로 생각한다.

099 **reporter** [ripɔ́ːrtər]

명 기자

I'm Mina, the student **reporter**. 듣기

저는 학생 **기자**, 미나입니다.

(Culture)
096 **captain** [kǽptin]

명 선장, 기장; 주장

The **captain** reports the arrival to people.

선장은 사람들에게 도착을 알린다.

학교시험
100 **teacher** [tíːtʃər]

명 선생님, 교사

My **teacher** wears dark glasses. 교과서

나의 **선생님**은 색안경을 쓰신다.

문화 Culture **This is your captain speaking.**

비행기를 타면 항상 기장님이 방송을 하시죠. 기장님의 첫 마디는 항상 This is your captain speaking.(저는 여러분의 기장입니다.)이랍니다. 다음에 비행기를 탈 일이 있다면 기장님 방송을 잘 들어보세요!

학교시험 **-er의 의미**

Q 다음 중 -er의 의미가 <u>다른</u> 것을 고르시오.

teacher   singer   reporter   lazier

↳ lazier의 -er은 비교급의 의미로 '더 ~한'이란 뜻이다.

답 lazier

Use Words

빈칸을 채우며 단어를 외우고, 쓰면서 한 번 더 익히세요.

01 a musical _____ 뮤지컬 배우

actor _____ actor

02 be known as an _____
예술가로 알려져 있다

artist _____

03 become a _____ 사서가 되다

librarian _____

04 come from a Mexican _____
멕시코 요리사로부터 유래되다

chef _____

05 call my _____ 내 변호사를 부르다

lawyer _____

06 go to the _____ 치과에 가다

dentist _____

07 a book cover _____ 책 표지 디자이너

designer _____

08 a brave _____ 용감한 소방관

firefighter _____

09 a game story _____ 게임 스토리 작가

writer _____

10 be a robot _____ 로봇 기술자가 되다

engineer _____

11 a _____ from England 잉글랜드 출신 농부

farmer _____

12 a record _____ 음반 제작자

producer _____

13 a movie _____ 영화 감독

director _____

14 the best fashion _____ 최고의 패션 모델   model

15 a fair _____ 공정한 심판   judge

16 want to be a _____   pilot
조종사가 되고 싶어 하다

17 your dream _____ 당신의 꿈의 직업   job

18 a leading _____ 뛰어난 시인   poet

19 a famous baseball _____   player
유명한 야구 선수

20 a great _____ 위대한 과학자   scientist

21 This is your _____ speaking.   captain
저는 여러분의 기장입니다.

22 see an animal _____ 수의사에게 가보다   doctor

23 a talented _____ 재능 있는 가수   singer

24 a student _____ 학생 기자   reporter

25 work as a _____ 교사로 일하다   teacher

3-Minute Check

		Check
076 **actor**	몡 배우	☐
077 **artist**	몡 화가, 예술가	☐
078 **librarian**	몡 사서	☐
079 **chef**	몡 요리사	☐
080 **lawyer**	몡 변호사	☐
081 **dentist**	몡 치과 의사; 치과	☐
082 **designer**	몡 디자이너	☐
083 **firefighter**	몡 소방관	☐
084 **writer**	몡 작가	☐
085 **engineer**	몡 기술자	☐
086 **farmer**	몡 농부	☐
087 **producer**	몡 제작자; 생산자	☐
088 **director**	몡 감독; 책임자	☐

		Check
089 **model**	몡 (의류) 모델; (상품의) 디자인; 모범	☐
090 **judge**	몡 심판; 판사 동 심판하다; 판단하다	☐
091 **pilot**	몡 조종사	☐
092 **job**	몡 직업	☐
093 **poet**	몡 시인	☐
094 **player**	몡 선수	☐
095 **scientist**	몡 과학자	☐
096 **captain**	몡 선장, 기장; 주장	☐
097 **doctor**	몡 의사	☐
098 **singer**	몡 가수	☐
099 **reporter**	몡 기자	☐
100 **teacher**	몡 선생님, 교사	☐

외우지 않은 단어가 있으면 미니 단어장에서 다시 한번 정리해 보세요.

Wrap Up

A 영어는 우리말로, 우리말은 영어로 쓰시오.

01 elderly _____

02 kindness _____

03 beard _____

04 strict _____

05 slim _____

06 foolish _____

07 director _____

08 youth _____

09 pilot _____

10 producer _____

11 neat _____

12 judge _____

13 wise _____

14 captain _____

15 lawyer _____

16 (남자) 조카 _____

17 결혼하다 _____

18 공손한, 예의 바른 _____

19 어른, 성인 _____

20 깡마른 _____

21 정직, 솔직함 _____

22 미소; 웃다 _____

23 치과 의사; 치과 _____

24 키우다; 들어 올리다 _____

25 성격 _____

26 나이; 시대 _____

27 곱슬곱슬한 _____

28 신사 _____

29 따분한; 둔한 _____

30 요리사 _____

B 우리말과 일치하도록 빈칸에 알맞은 단어를 쓰시오.

01 출생 때 몸무게가 110g이다   weigh 110g at _____

02 차를 조심하다   be _____ of the cars

03 방과 후 돌봄이 필요하다   need after-school _____

04 뛰어난 시인   a leading _____

05 나이가 많은 왕   an _____ king

06 완벽한 직업을 찾다   find the _____ job

07 나의 아빠 쪽의 사촌   a _____ on my father's side

08 게임 스토리 작가   a game story _____

C 밑줄 친 부분에 해당하는 우리말 해석을 찾아 밑줄을 치시오.

01 Do I look thin?
⇨ 내가 말라 보이니?

02 The librarian likes reading.
⇨ 그 사서는 책 읽기를 좋아한다.

03 Teenagers can pick oranges in our farm.
⇨ 십 대들은 우리 농장에서 오렌지를 딸 수 있다.

04 She is a clever student.
⇨ 그녀는 영리한 학생이다.

DAY 05 행동, 동작 1

듣고 발음을 익혀보자!

오늘 학습할 단어를 공부하고, 가리개를 사용해서 암기해 보세요.

101 **action** [ǽkʃən]

[명] 행동, 동작

Put your plan into **action**. [수능]

너의 계획을 **행동**으로 옮겨라.

102 **fold** [fould]

[동] 접다

Fold your arms for your heart. [교과서]

당신의 심장을 (보호하기) 위해 팔을 **접어라**[팔짱을 껴라].

103 **build** [bild]

[동] 짓다, 건설하다

We'll **build** our own house.

우리는 우리만의 집을 **지을** 것이다.

104 **leave** [liːv]

[동] 두고 오다; 떠나다

Don't **leave** trash on mountains. [교과서]

쓰레기를 산에 **두고 오지** 마라.

105 **knock** [nɑk]

[동] 두드리다 [명] 노크 소리

She **knocks** on the door hard. [교과서]

그녀는 문을 세게 **두드린다**.

106 **change** [tʃeindʒ]

[동] 바꾸다, 변하다 [명] 변화; 잔돈

New ideas **change** the world. [교과서]

새로운 생각들이 세상을 **바꾼다**.

[»] give change 잔돈을 거슬러주다

107 **cover** [kʌ́vər]

[동] 덮다 [명] 덮개

Cover the table with cloth.

천으로 그 탁자를 **덮어라**.

108 **appear** [əpíər]

[동] 나타나다

His name **appears** on the design. [수능]

그의 이름이 그 디자인에 **나타나 있다**.

[Communication]

109 **hold** [hould]

[동] 들고[잡고] 있다; 유지하다

I'm **holding** a bowl of hot soup. [교과서]

나는 뜨거운 국이 담긴 그릇을 **들고 있다**.

Communication 전화 표현 익히기

A May I speak to Mr. Kim?
(김 선생님과 통화할 수 있나요?)

B Hold on a second.
(잠시만 기다려 주세요.)

10   15

---

110 **drop** [drɑp]

(동) 떨어뜨리다, 떨어지다 (명) 방울
I **dropped** my basket there. 교과서
나는 내 바구니를 그곳에 **떨어뜨렸다.**

▶ **drop ~ off** ~을 차로 데려다주다

111 **lift** [lift]

(동) 들어 올리다
Let's **lift** this piano together.
이 피아노를 같이 **들어 올리자.**

112 **bring** [briŋ]

(동) 가져오다
I'll **bring** my favorite book. 듣기
나는 내가 가장 좋아하는 책을 **가져올** 것이다.

(Voca Tip)
113 **carry** [kǽri]

(동) 나르다; 가지고 다니다
He can **carry** boxes easily. 교과서
그는 상자들을 쉽게 **나를** 수 있다.

114 **steal** [sti:l]

(동) 훔치다
You should not **steal** money.
너는 돈을 **훔치면** 안 된다.

115 **find** [faind]

(동) 찾다, 발견하다; ~을 알아내다
Can you **find** my cellphone? 교과서
너는 내 휴대폰을 **찾아줄** 수 있니?

116 **break** [breik]

(동) 깨다, 부수다 (명) 쉬는 시간; 휴식
Do not **break** the window.
창문을 **깨지** 마라.

▶ **take a break** 휴식을 취하다

[숙어]
117 **keep** [ki:p]

(동) 유지하다
We must **keep** this classroom clean.
교과서 우리는 이 교실을 깨끗하게 **유지해야** 한다.

💡 **Voca Tip** bring vs carry

bring ☞ 물건을 말하는 사람 쪽으로 가지고 오는 동작
carry ☞ 물건을 손이나 몸을 이용해 이동시키는 동작

💡 **숙어** keep -ing: 계속 ~하다

• You can do it. Keep trying.
(너는 할 수 있어. 계속 노력해 봐.)
• They keep asking me questions.
(그들은 내게 계속 질문한다.)

---

118 strike [straik]

(동) 치다; 때리다

He'll **strike** a fast ball. 교과서

그는 속구를 **칠** 것이다.

119 enter [éntər]

(동) 들어가다; (대회에) 참가하다

The players **enter** the soccer field.

교과서 선수들이 축구장으로 **들어간다**.

120 pull [pul]

(동) 끌어[잡아]당기다

Do not **pull** the handle so hard.

손잡이를 너무 세게 **끌어당기지** 마세요.

Culture
121 push [puʃ]

(동) 밀다 (명) 밀기

Push the door hard, please.

그 문을 세게 **밀어** 주세요.

문화 Culture push-up? press-up?

우리가 하는 팔굽혀 펴기를 영어로 뭐라고 할까요? 미국에서는 push-up이라고 하고, 영국에서는 press-up이라고 한답니다. 여러분은 push-up(press-up)을 1분에 몇 개나 할 수 있나요?

122 bend [bend]

(동) 굽히다

Bend forward and touch the ball. 교과서

앞으로 **구부려서** 그 공을 만져라.

123 stretch [stretʃ]

(동) 펴다; 늘이다

Stretch your back often. 교과서

종종 너의 등을 **펴라**.

124 start [staːrt]

(동) 시작하다 (명) 시작, 출발

The lesson will **start** at 4 p.m. at the school library. 성취도

수업은 오후 4시에 학교 도서관에서 **시작할** 것입니다.

학교시험
125 finish [fíniʃ]

(동) 끝내다, 마치다

We **finished** the farm work. 교과서

우리는 농장 일을 **끝냈다**.

학교시험 finish의 목적어 형태

Q 괄호 안에 알맞은 것을 고르시오.

I finished **(to clean / cleaning)** the kitchen.

↳ finish는 목적어로 -ing를 쓴다.

답 cleaning

Use Words

빈칸을 채우며 단어를 외우고, 쓰면서 한 번 더 익히세요.

01 put your plan into _____
네 계획을 행동으로 옮기다

action   action

02 _____ your arms   네 팔을 접다

fold

03 _____ our own house
우리만의 집을 짓다

build

04 _____ trash on mountains
산에 쓰레기를 두고 오다

leave

05 _____ on the door   문을 두드리다

knock

06 _____ the world   세상을 바꾸다

change

07 _____ the table   탁자를 덮다

cover

08 _____ on the design   디자인에 나타나다

appear

09 _____ a bowl   그릇을 들고 있다

hold

10 _____ my basket   내 바구니를 떨어뜨리다

drop

11 _____ this piano together
이 피아노를 같이 들어 올리다

lift

12 _____ my favorite book
내가 가장 좋아하는 책을 가져오다

bring

13 _____ boxes easily   상자들을 쉽게 나르다

carry

14 _____ money 돈을 훔치다   steal

15 _____ my cellphone 내 휴대폰을 찾다   find

16 _____ the window 창문을 깨다   break

17 _____ this classroom clean   keep
   이 교실을 깨끗하게 유지하다

18 _____ a fast ball 속구를 치다   strike

19 _____ the soccer field 축구장으로 들어가다   enter

20 _____ the handle 손잡이를 잡아당기다   pull

21 _____ the door 문을 밀다   push

22 _____ forward 앞으로 구부리다   bend

23 _____ your back 네 등을 펴다   stretch

24 _____ at 4 p.m. 오후 4시에 시작하다   start

25 _____ the farm work 농장 일을 끝내다   finish

		Check				Check
101 **action**	명 행동, 동작	☐	114 **steal**	동 훔치다		☐
102 **fold**	동 접다	☐	115 **find**	동 찾다, 발견하다; ~을 알아내다		☐
103 **build**	동 짓다, 건설하다	☐	116 **break**	동 깨다, 부수다 명 쉬는 시간; 휴식		☐
104 **leave**	동 두고 오다; 떠나다	☐	117 **keep**	동 유지하다		☐
105 **knock**	동 두드리다 명 노크 소리	☐	118 **strike**	동 치다; 때리다		☐
106 **change**	동 바꾸다, 변하다 명 변화; 잔돈	☐	119 **enter**	동 들어가다; (대회에) 참가하다		☐
107 **cover**	동 덮다 명 덮개	☐	120 **pull**	동 끌어[잡아] 당기다		☐
108 **appear**	동 나타나다	☐	121 **push**	동 밀다 명 밀기		☐
109 **hold**	동 들고[잡고] 있다; 유지하다	☐	122 **bend**	동 굽히다		☐
110 **drop**	동 떨어뜨리다, 떨어지다 명 방울	☐	123 **stretch**	동 펴다; 늘이다		☐
111 **lift**	동 들어 올리다	☐	124 **start**	동 시작하다 명 시작, 출발		☐
112 **bring**	동 가져오다	☐	125 **finish**	동 끝내다, 마치다		☐
113 **carry**	동 나르다; 가지고 다니다	☐				

외우지 않은 단어가 있으면 미니 단어장에서 다시 한번 정리해 보세요.

DAY 06

행동, 동작 2

오늘 학습할 단어를 공부하고, 가리개를 사용해서 암기해 보세요.

126 □□ **blow** [blou]

[동] (코를) 풀다; (바람이) 불다

She often **blows** her nose. [교과서]

그녀는 종종 **코를 푼다**.

127 □□ **feed** [fiːd]

[동] 먹이를 주다

You can **feed** our animals. [수능]

너는 우리 동물들에게 **먹이를 주어도** 된다.

128 □□ **meet** [miːt]

[동] 만나다

People can **meet** a cute street cat. [교과서]

사람들은 귀여운 길고양이를 **만날** 수 있다.

129 □□ **stand** [stænd]

[동] 서 있다; 일어서다

She told me to go and **stand** there. [성취도]

그녀는 내게 저기로 가서 **서 있으라고** 말했다.

⏩ **stand up** 일어서다

130 □□ **roll** [roul]

[동] 굴러가다[오다]

A ball is **rolling** fast to him. [교과서]

공 하나가 그에게 빠르게 **굴러가고** 있다.

⏩ **roll down** ~을 내리다

131 □□ **kick** [kik]

[동] 차다 [명] 발길질

Don't **kick** your friend's desk. [교과서]

네 친구의 책상을 **차지** 마라.

132 □□ **laugh** [læf]

[동] (소리 내어) 웃다

When you feel sad, **laugh** out loud.

슬플 때는 큰 소리로 **웃어라**.

133 □□ **hit** [hit]

[동] 치다, 때리다 [명] 치기, 타격

I can't **hit** the ball well with a bat. [교과서]

나는 배트로 공을 잘 **칠** 수 없다.

[Communication]

134 □□ **catch** [kætʃ]

[동] 잡다; (병에) 걸리다

You tried to **catch** the ball. [수능]

너는 그 공을 **잡으려고** 시도했다.

⏩ **catch a cold** 감기에 걸리다

Communication 건강 상태 표현하기

A You don't look well. What's wrong?
(너 좋아 보이지 않아. 무슨 일이니?)

B I think I **catch** a cold.
(나 감기에 걸린 것 같아.)

135 pass [pæs]

(동) 건네주다; 지나가다; 합격하다
Pass me the salad, please.
그 샐러드를 내게 좀 **건네줘**.

136 jump [dʒʌmp]

(동) 뛰다, 점프하다
He runs and **jumps** high. 교과서
그는 달리다가 높이 **뛴다**.

137 shout [ʃaut]

(동) 소리치다, 외치다
The children **shout** with joy. 교과서
그 아이들은 기뻐서 **소리친다**.

(Voca Tip)
138 yell [jel]

(동) 소리치다, 외치다
Don't **yell** at your younger brother.
네 남동생에게 **소리치지** 마라.

139 read [riːd]

(동) 읽다
I want to **read** a good story. 교과서
나는 잘 쓰인 이야기를 **읽고** 싶다.

140 send [send]

(동) 보내다, 전하다
I need to **send** this package to him. 듣기
나는 그에게 이 소포를 **보내야** 한다.

141 escape [iskéip]

(동) 달아나다, 탈출하다
Two monkeys **escape** from the zoo.
원숭이 두 마리가 동물원에서 **달아난다**.

[숙어]
142 put [put]

(동) 놓다, 두다
We **put** old wood on top of boats. 교과서
우리는 배 위에 오래된 나무를 놓는다.

 Voca Tip shout **vs** yell

shout ☞ 큰 소리로 뭐라고 외칠 때 씀
yell ☞ shout와 같은 의미이지만, 소리가 더 크고 감정적인
의미가 있어서 화가 나거나 어떤 행동을 그만두게
하기 위해 소리칠 때 씀

숙어 put on: ~을 입다[바르다]

• It's getting cold. **Put on** your coat.
  (날이 추워진다. 네 코트를 입어라.)
• You should **put on** sunscreen.
  (너는 선크림을 발라야 한다.)

143 shake [ʃeik]

(동) 흔들다, 흔들리다
The teacher **shakes** his head and says no. 교과서
선생님은 고개를 **흔들며** 안 된다고 말한다.

144 wrap [ræp]

(동) 포장하다, 싸다
I **wrap** the present up quickly.
나는 그 선물을 빨리 **포장한다**.

145 rush [rʌʃ]

(동) 급히 움직이다, 서두르다
They're **rushing** to the exit. 교과서
그들은 비상구로 **급히 움직이고** 있다.

Culture
146 hide [haid]

(동) 감추다; 숨다
I didn't **hide** your love letter.
나는 너의 연애편지를 **감추지** 않았다.

문화 Culture hide-and-seek

우리가 어린 시절 많이 했던 숨바꼭질 놀이는 영어로 hide-and-seek이라고 합니다. 그럼 술래를 영어로 뭐라고 할까요? 바로 'it'이랍니다!
• 누가 술래야? (Who is "it?")
• 내가 술래야. (I'm "it.")

147 try [trai]

(동) 노력하다; 시도하다 (명) 시도
Parents **try** to teach their babies. 수능
부모들은 그들의 아기를 가르치려 **노력한다**.
» give ~ a try ~을 한번 해보다

148 behave [bihéiv]

(동) 행동하다
He **behaves** well at home.
그는 집에서 예의바르게 **행동한다**.

149 chew [tʃuː]

(동) 씹다; 물어뜯다
Always **chew** your food slowly.
항상 음식을 천천히 **씹어라**.

학교시험
150 stop [stɑp]

(동) 멈추다; 끝나다 (명) 멈춤; 정류장
People couldn't **stop** laughing. 교과서
사람들은 웃는 것을 **멈출** 수 없었다.
» without stop 멈추지 않고

학교시험 stop의 목적어 형태

Q 괄호 안에 알맞은 것을 고르시오.
It'll stop (raining / to rain) soon.
↳ stop은 목적어로 -ing를 쓴다.
답 raining

01	_____ her nose 그녀의 코를 풀다	blow _____ blow
02	_____ our animals 우리의 동물들에게 먹이를 주다	feed _____
03	_____ a cute cat 귀여운 고양이를 만나다	meet _____
04	_____ there 그곳에 서 있다	stand _____
05	_____ fast to him 그에게 빠르게 굴러가다	roll _____
06	_____ a friend's desk 친구의 책상을 차다	kick _____
07	_____ out loud 크게 웃다	laugh _____
08	_____ the ball 공을 치다	hit _____
09	_____ the ball 공을 잡다	catch _____
10	_____ me the salad 나에게 샐러드를 건네주다	pass _____
11	run and _____ high 달리다가 높이 뛰다	jump _____
12	_____ with joy 기뻐서 소리치다	shout _____
13	_____ at your younger brother 네 남동생에게 소리치다	yell _____

14	_____ a good story	잘 쓰인 이야기를 읽다	read

| 15 | _____ this package | 이 소포를 보내다 | send |

| 16 | _____ from the zoo | 동물원에서 달아나다 | escape |

| 17 | _____ old wood | 오래된 나무를 놓다 | put |

| 18 | _____ his head | 그의 고개를 흔들다 | shake |

| 19 | _____ the present | 선물을 포장하다 | wrap |

| 20 | _____ to the exit | 비상구로 급히 움직이다 | rush |

| 21 | _____ your letter | 네 편지를 감추다 | hide |

22 _____ to teach the babies   try
아기들을 가르치려 노력하다

23 _____ well at home   behave
집에서 예의바르게 행동하다

| 24 | _____ the food slowly | 음식을 천천히 씹다 | chew |

| 25 | _____ laughing | 웃는 것을 멈추다 | stop |

3-Minute Check

오늘 학습한 단어와 뜻을
최종적으로 암기했는지 확인하세요!

			Check
126	**blow**	통 (코를) 풀다; (바람이) 불다	☐
127	**feed**	통 먹이를 주다	☐
128	**meet**	통 만나다	☐
129	**stand**	통 서 있다; 일어서다	☐
130	**roll**	통 굴러가다[오다]	☐
131	**kick**	통 차다 / 명 발길질	☐
132	**laugh**	통 (소리 내어) 웃다	☐
133	**hit**	통 치다, 때리다 / 명 치기, 타격	☐
134	**catch**	통 잡다; (병에) 걸리다	☐
135	**pass**	통 건네주다; 지나가다; 합격하다	☐
136	**jump**	통 뛰다, 점프하다	☐
137	**shout**	통 소리치다, 외치다	☐
138	**yell**	통 소리치다, 외치다	☐

			Check
139	**read**	통 읽다	☐
140	**send**	통 보내다, 전하다	☐
141	**escape**	통 달아나다, 탈출하다	☐
142	**put**	통 놓다, 두다	☐
143	**shake**	통 흔들다, 흔들리다	☐
144	**wrap**	통 포장하다, 싸다	☐
145	**rush**	통 급히 움직이다, 서두르다	☐
146	**hide**	통 감추다; 숨다	☐
147	**try**	통 노력하다; 시도하다 / 명 시도	☐
148	**behave**	통 행동하다	☐
149	**chew**	통 씹다; 물어뜯다	☐
150	**stop**	통 멈추다; 끝나다 / 명 멈춤; 정류장	☐

외우지 않은 단어가 있으면 미니 단어장에서 다시 한번 정리해 보세요.

DAY 07 기분, 감정

듣고 발음을 익혀보자!

오늘 학습할 단어를 공부하고, 가리개를 사용해서 암기해 보세요.

151 **feel** [fiːl]

[동] 느끼다

Animals don't **feel** the same way as humans do. [교과서]

동물들은 인간과 같은 방식으로 **느끼지** 않는다.

152 **bad** [bæd]

[형] 안 좋은; 나쁜

Why does the boy feel **bad**? [교과서]

왜 그 남자아이는 기분이 **안 좋은 걸까**?

153 **angry** [ǽŋgri]

[형] 화난, 성난

She is still **angry** with me. [교과서]

그녀는 여전히 나에게 **화나 있다**.

154 **worry** [wə́ːri]

[동] 걱정하다 [명] 걱정

They **worry** about this problem. [수능]

그들은 이 문제에 대해 **걱정한다**.

155 **upset** [ʌpsét]

[형] 속상한 [동] 속상하게 하다

He's **upset** about his poor grade. [교과서]

그는 그의 나쁜 성적에 대해 **속상해 한다**.

156 **fine** [fain]

[형] 괜찮은; 좋은; 건강한 [부] 괜찮게

I'm sure your cat will be **fine** soon. [듣기]

당신의 고양이가 곧 **괜찮아질** 거라고 확신해요.

157 **enjoy** [indʒɔ́i]

[동] 즐기다, 즐거워하다

I can't **enjoy** the tour fully. [수능]

나는 그 여행을 완전히 **즐길** 수가 없다.

158 **delight** [diláit]

[명] 기쁨 [동] 아주 즐겁게 하다

She keeps smiling with **delight**.

그녀는 **기쁨**으로[기뻐서] 계속 미소 짓는다.

[Communication]

159 **glad** [glæd]

[형] 기쁜, 반가운

I'm **glad** you like *bulgogi*. [교과서]

나는 네가 불고기를 좋아해서 **기쁘다**.

Communication 안도의 감정 표현하기

A Tom found my cellphone.
(Tom이 제 휴대폰을 찾아 주었어요.)

B I'm **glad** to hear that.
(그 말을 들으니 **기쁘구나**.)

160 nervous [nə́ːrvəs]

(형) 불안해하는, 초조한

Before a game, I'm **nervous**. 교과서

경기 전에 나는 **불안해한다.**

161 fear [fiər]

(동) 무서워하다 (명) 무서움

Most children **fear** the hospital.

대부분의 어린이들은 병원을 **무서워한다.**

▶ **turn white with fear** 무서워서 하얗게 질리다

162 afraid [əfréid]

(형) 무서워하는, 두려운

He is **afraid** of snakes. 수능

그는 뱀을 **무서워한다.**

(Voca Tip)

163 scared [skɛərd]

(형) 무서워하는, 겁먹은

She was **scared** and started crying.

성취도 그녀는 **무서워서** 울기 시작했다.

💡 **Voca Tip** afraid vs scared

afraid ☞ 안 좋은 일이 일어날까봐 두려워하는 느낌을 표현
할 때 씀

scared ☞ 작은 일에 대한 순간적인 두려움을 나타낼 때나
구어체에서 자주 씀

164 emotion [imóuʃən]

(명) 감정

Each color shows a different **emotion**.

교과서 각각의 색은 다른 **감정**을 보여 준다.

165 fantastic [fæntǽstik]

(형) 환상적인, 굉장한

I watched the **fantastic** view on the hill. 교과서

나는 언덕 위에서 **환상적인** 경관을 봤다.

166 surprised [sərpráizd]

(형) 놀란

He was **surprised** at the news. 수능

그는 그 소식에 **놀랐다.**

(숙어)

167 proud [praud]

(형) 자랑스러워하는

I'm so **proud** of my brother. 듣기

나는 내 남동생이 매우 **자랑스럽다.**

✦ 숙어 **be proud of**: ~을 자랑스러워하다

• Be proud of yourself!
　(너 자신을 자랑스러워해라!)
• She is very proud of her own song.
　(그녀는 자신의 노래를 매우 자랑스러워한다.)

168 pity [píti]

(명) 동정; 유감 (동) 동정하다
We don't want your **pity**.
우리는 당신의 **동정**을 원하지 않는다.

169 miss [mis]

(동) 그리워하다; 놓치다
I **miss** the old days. 교과서
나는 옛날을 **그리워한다**.
» miss the bus 버스를 놓치다

170 excuse [ikskjúːz, ikskjúːs]

(동) 양해하다 (명) 변명; 핑계
Excuse me, are you Mike? 성취도
실례합니다만, 당신이 Mike인가요?

(Culture)
171 thank [θæŋk]

(동) 감사하다
I **thank** him for his advice. 수능
나는 그의 충고에 대해 그에게 **감사한다**.

문화 Culture) Thanks? Cheers?

미국에서는 감사를 표현할 때 흔히 Thank you. 또는
Thanks.라고 말하는데요. 영국에서는 격식 있는 표현이 아
니라 가벼운 느낌으로 쓸 때는 Cheers.라는 말도 자주 쓴답
니다. 하지만 미국에서 "Cheers!"는 "건배!"라는 뜻으로 많이
쓰이니 주의해서 사용하세요.

172 alone [əlóun]

(형) 외로운; 혼자 (부) 외로이; 혼자서
He often feels **alone**.
그는 종종 **외로움**을 느낀다.

173 bored [bɔːrd]

(형) 지루해하는
She's so **bored** and wants to play with
friends. 교과서
그녀는 너무 **지루해서** 친구들과 놀기를 원한다.

174 interesting [íntərəstiŋ]

(형) 재미있는
I have many **interesting** books. 교과서
나는 **재미있는** 책들을 많이 가지고 있다.

학교시험
175 excited [iksáitid]

(형) 신이 난, 흥분한
Picnics make us **excited**. 교과서
우리는 소풍 때문에 **신이 난다**.

학교시험 기분을 나타내는 형용사

Q 괄호 안에 알맞은 것을 고르시오.

I'm (exciting / excited) about the trip.

↳ '신이 난'이라는 사람의 기분을 나타낼 때는 현재분사형
(exciting)이 아니라 과거분사형을 쓴다.
답 excited

01 _____ the same way 같은 방식으로 느끼다

feel   feel

02 feel _____ 기분이 안 좋다

bad

03 be _____ with me 나에게 화나 있다

angry

04 _____ about this problem

이 문제에 대해 걱정하다

worry

05 be _____ about his poor grade

그의 나쁜 성적에 대해 속상해하다

upset

06 be _____ soon 곧 괜찮아지다

fine

07 _____ the tour 여행을 즐기다

enjoy

08 smile with _____ 기쁨으로 미소 짓다

delight

09 be _____ to hear that 그 말을 들으니 기쁘다

glad

10 be _____ about the game

경기에 대해 불안해하다

nervous

11 turn white with _____ 무서워서 하얗게 질리다

fear

12 be _____ of snakes 뱀을 무서워하다

afraid

13 be _____ and start crying

무서워서 울기 시작하다

scared

14 show an _____ 감정을 보여 주다　　　emotion

15 the _____ view 환상적인 경관　　　fantastic

16 be _____ at the news 그 소식에 놀라다　　　surprised

17 be _____ of my brother　　　proud
내 남동생을 자랑스러워하다

18 want your _____ 당신의 동정을 원하다　　　pity

19 _____ the old days 옛날을 그리워하다　　　miss

20 _____ me. 실례합니다.　　　excuse

21 _____ him for his advice　　　thank
그의 충고에 대해 그에게 감사하다

22 feel _____ 외로움을 느끼다　　　alone

23 She's so _____. 그녀는 너무 지루해한다.　　　bored

24 have _____ books　　　interesting
재미있는 책들을 가지고 있다

25 be _____ about ～에 대해 신이 나다　　　excited

			Check
151 **feel**	(동) 느끼다		☐
152 **bad**	(형) 안 좋은; 나쁜		☐
153 **angry**	(형) 화난, 성난		☐
154 **worry**	(동) 걱정하다 (명) 걱정		☐
155 **upset**	(형) 속상한 (동) 속상하게 하다		☐
156 **fine**	(형) 괜찮은; 좋은; 건강한 (부) 괜찮게		☐
157 **enjoy**	(동) 즐기다, 즐거워하다		☐
158 **delight**	(명) 기쁨 (동) 아주 즐겁게 하다		☐
159 **glad**	(형) 기쁜, 반가운		☐
160 **nervous**	(형) 불안해하는, 초조한		☐
161 **fear**	(동) 무서워하다 (명) 무서움		☐
162 **afraid**	(형) 무서워하는, 두려운		☐
163 **scared**	(형) 무서워하는, 겁먹은		☐

			Check
164 **emotion**	(명) 감정		☐
165 **fantastic**	(형) 환상적인, 굉장한		☐
166 **surprised**	(형) 놀란		☐
167 **proud**	(형) 자랑스러워하는		☐
168 **pity**	(명) 동정; 유감 (동) 동정하다		☐
169 **miss**	(동) 그리워하다; 놓치다		☐
170 **excuse**	(동) 양해하다 (명) 변명; 핑계		☐
171 **thank**	(동) 감사하다		☐
172 **alone**	(형) 외로운; 혼자 (부) 외로이; 혼자서		☐
173 **bored**	(형) 지루해하는		☐
174 **interesting**	(형) 재미있는		☐
175 **excited**	(형) 신이 난, 흥분한		☐

외우지 않은 단어가 있으면 미니 단어장에서 다시 한번 정리해 보세요.

생각, 사고

📖 오늘 학습할 단어를 공부하고, 가리개를 사용해서 암기해 보세요.

---

176 believe [bilí:v]

(동) 믿다

They **believe** that a rabbit lives on the moon. 교과서

그들은 달에 토끼가 산다고 **믿는다.**

---

177 realize [rí(:)əlàiz]

(동) 깨닫다

I **realized** that I didn't have to worry.

성취도 나는 내가 걱정할 필요가 없다는 걸 **깨달았다.**

---

178 consider [kənsídər]

(동) 고려하다; (~으로) 여기다

Consider how much time it takes. 수능

시간이 얼마나 걸리는지 **고려하세요.**

---

179 suggest [səgdʒést]

(동) 제안하다

One day a reporter **suggested** a special experiment. 수능

어느 날 한 기자가 특별한 실험을 **제안했다.**

---

180 plan [plæn]

(명) 계획 (동) 계획하다

Does she have any **plans**? 교과서

그녀는 무슨 **계획**이라도 있나요?

---

181 remember [rimémbər]

(동) 기억하다

Remember the safety rule. 교과서

안전 규칙을 **기억하십시오.**

---

182 forget [fərgét]

(동) 잊다

I always **forget** your birthday. 교과서

난 항상 네 생일을 **잊어버린다.**

---

183 regret [rigrét]

(동) 후회하다 (명) 후회

I **regret** what I said yesterday.

나는 내가 어제 한 말을 **후회한다.**

(Communication)

184 mind [maind]

(명) 마음 (동) 신경 쓰다, 꺼리다

He can read your **mind** easily. 교과서

그는 쉽게 네 **마음**을 읽을 수 있다.

💬 **Communication** 허락 구하기

A Do you **mind** if I open the window?
  (내가 창문 좀 열면 신경 쓰이니?)
B No, not at all!
  (아니, 전혀 신경 쓰이지 않아!)

185 need [niːd]

동 필요하다 명 필요

We really **need** your help. 교과서

우리는 당신의 도움이 정말 **필요합니다**.

≫ a friend in need 필요할[어려울] 때 돕는 친구

186 fact [fækt]

명 사실

I learned an interesting **fact**. 교과서

나는 흥미로운 **사실** 하나를 알게 되었다.

187 idea [aidí(ː)ə]

명 생각, 발상

He changed the world with new **ideas**.

교과서 그는 새로운 **생각**으로 세상을 바꿨다.

(Voca Tip) 188 thought [θɔːt]

명 생각, 사고

The books have his deep **thoughts**.

수능 그 책들은 그의 깊은 **생각**을 담고 있다.

189 lucky [lʌ́ki]

형 운이 좋은, 다행스러운

Today was a **lucky** day. 교과서

오늘은 **운이 좋은** 날이었다.

190 point [pɔint]

명 (생각할) 부분; 의견; 요점 동 가리키다

What are the bad **points** about the market? 교과서

그 시장에 대한 나쁜 **점**[**부분**]은 무엇입니까?

191 focus [fóukəs]

동 집중하다 명 주목; 초점

You need to **focus** on your work. 수능

당신은 당신의 일에 **집중해야** 합니다.

≫ out of focus 초점에서 벗어난

숙어 192 decide [disáid]

동 결정하다, 결심하다

They **decided** to work as a team. 교과서

그들은 팀으로 일하기로 **결정했**다.

💡 **Voca Tip** idea **vs** thought

idea ☞ 사고·상상·추리 따위에 의하여 마음에 생기는 관념
thought ☞ 사고를 거쳐 얻어진 생각이나 판단

✦ 숙어 decide to: ~하기로 결정[결심]하다

• I **decided to** go shopping.
  (나는 쇼핑하기로 **결정했**다.)
• We **decided to** help children in need.
  (우리는 도움이 필요한 어린이들을 돕기로 **결심했**다.)

193 sure [ʃuər]

(형) 확신하는 (부) 그럼요

I am **sure** you will be a great photographer. (듣기)

나는 네가 훌륭한 사진작가가 될 거라고 **확신해**.

194 wonderful [wʌ́ndərfəl]

(형) 훌륭한, 멋진

There are many **wonderful** places in Korea. (교과서)

한국에는 많은 **훌륭한** 장소들이 있다.

195 understand [ʌ̀ndərstǽnd]

(동) 이해하다

I do not **understand** your problem. (교과서)

나는 네 문제가 **이해가** 안 된다.

(Culture)
196 wish [wiʃ]

(동) 바라다, 원하다 (명) 소망

We **wish** you good luck. (교과서)

우리는 당신에게 행운이 함께하길 **바랍니다**.

(문화) Culture **With best wishes**

영어로 편지를 쓸 때에는 일정한 형식을 갖춰야 합니다. 시작하는 말과 마무리하는 말을 쓰는 것이 대표적인데요. 영어로 "그럼 안녕히 계세요." 정도로 마무리하는 말이 "With best wishes"랍니다. 직역하면 "행운을 빌며" 정도가 되겠네요.

197 wonder [wʌ́ndər]

(동) 궁금해하다 (명) 놀라움

Some people began to **wonder** about the future of robots. (교과서)

몇몇 사람들은 로봇의 미래에 대해 **궁금해하기** 시작했다.

198 imagine [imǽdʒin]

(동) 상상하다

I can't **imagine** their feelings at this moment.

나는 현재 그들의 감정을 **상상할** 수 없다.

199 guess [ges]

(동) 추측하다 (명) 추측

Let me **guess** what happened. (교과서)

무슨 일이 있었는지 **추측해** 볼게.

» **make a guess** 추측하다

(학교시험)
200 expect [ikspékt]

(동) 예상하다, 기대하다

Don't **expect** my help anymore. (교과서)

더 이상 내 도움을 **기대하지** 마.

(학교시험) **expect의 목적격보어 형태**

Q 괄호 안에 알맞은 것을 고르시오.

I expect him (to become / becoming) a famous singer.

↳ <expect + 목적어 + to부정사>의 형태를 취해야 한다.
답 to become

빈칸을 채우며 단어를 외우고, 쓰면서 한 번 더 익히세요.

01 _____ that ～하다고 믿다 | believe believe

02 _____ that ～라는 것을 깨닫다 | realize

03 _____ the time 시간을 고려하다 | consider

04 _____ a special experiment | suggest
특별한 실험을 제안하다

05 have a _____ 계획이 있다 | plan

06 _____ the safety rule 안전 규칙을 기억하다 | remember

07 _____ your birthday 네 생일을 잊다 | forget

08 _____ what I said 내가 한 말을 후회하다 | regret

09 read your _____ 네 마음을 읽다 | mind

10 _____ your help 네 도움이 필요하다 | need

11 an interesting _____ 흥미로운 사실 | fact

12 with new _____s 새로운 생각으로 | idea

13 have his deep _____s | thought
그의 깊은 생각을 담다

14 a _____ day 운이 좋은 날

lucky

15 the bad _____s 나쁜 점들

point

16 _____ on your work 네 일에 집중하다

focus

17 _____ to work as a team

decide

팀으로 일하기로 결정하다

18 I am _____ (that) 나는 ~라는 것을 확신하다

sure

19 many _____ places 많은 훌륭한 장소들

wonderful

20 _____ your problem 네 문제를 이해하다

understand

21 _____ you good luck

wish

네게 행운이 함께하길 바라다

22 _____ about the future of robots

wonder

로봇의 미래에 대해 궁금해하다

23 _____ their feelings

imagine

그들의 감정을 상상하다

24 _____ what happened

guess

무슨 일이 있었는지 추측하다

25 _____ my help 내 도움을 기대하다

expect

		Check
176 **believe**	동 믿다	☐
177 **realize**	동 깨닫다	☐
178 **consider**	동 고려하다; (~으로) 여기다	☐
179 **suggest**	동 제안하다	☐
180 **plan**	명 계획 동 계획하다	☐
181 **remember**	동 기억하다	☐
182 **forget**	동 잊다	☐
183 **regret**	동 후회하다 명 후회	☐
184 **mind**	명 마음 동 신경 쓰다, 꺼리다	☐
185 **need**	동 필요하다 명 필요	☐
186 **fact**	명 사실	☐
187 **idea**	명 생각, 발상	☐
188 **thought**	명 생각, 사고	☐

		Check
189 **lucky**	형 운이 좋은, 다행스러운	☐
190 **point**	명 (생각할) 부분; 의견; 요점 동 가리키다	☐
191 **focus**	동 집중하다 명 주목; 초점	☐
192 **decide**	동 결정하다, 결심하다	☐
193 **sure**	형 확신하는 부 그럼요	☐
194 **wonderful**	형 훌륭한, 멋진	☐
195 **understand**	동 이해하다	☐
196 **wish**	동 바라다, 원하다 명 소망	☐
197 **wonder**	동 궁금해하다 명 놀라움	☐
198 **imagine**	동 상상하다	☐
199 **guess**	동 추측하다 명 추측	☐
200 **expect**	동 예상하다, 기대하다	☐

외우지 않은 단어가 있으면 미니 단어장에서 다시 한번 정리해 보세요.

A 영어는 우리말로, 우리말은 영어로 쓰시오.

01 shout _____

02 emotion _____

03 decide _____

04 action _____

05 delight _____

06 excuse _____

07 build _____

08 stretch _____

09 wish _____

10 bend _____

11 rush _____

12 behave _____

13 guess _____

14 drop _____

15 understand _____

16 접다 _____

17 그리워하다 _____

18 차다; 발길질 _____

19 환상적인 _____

20 예상하다 _____

21 훔치다 _____

22 후회하다; 후회 _____

23 포장하다, 싸다 _____

24 잊다 _____

25 굴러가다[오다] _____

26 씹다; 물어뜯다 _____

27 고려하다 _____

28 감추다; 숨다 _____

29 제안하다 _____

30 계획; 계획하다 _____

B 우리말과 일치하도록 빈칸에 알맞은 단어를 쓰시오.

01 같은 방식으로 느끼다   _____ the same way

02 그 소식에 놀라다   be _____ at the news

03 이 피아노를 같이 들어 올리다   _____ this piano together

04 외로움을 느끼다   feel _____

05 흥미로운 사실   an interesting _____

06 그의 고개를 흔들다   _____ his head

07 나에게 샐러드를 건네주다   _____ me the salad

08 네 일에 집중하다   _____ on your work

C 밑줄 친 부분에 해당하는 우리말 해석을 찾아 밑줄을 치시오.

01 I can't <u>imagine</u> their feelings at this moment.
⇨ 나는 현재 그들의 감정을 상상할 수 없다.

02 <u>Cover</u> the table with cloth.
⇨ 천으로 그 탁자를 덮어라.

03 I'm so <u>proud</u> of my brother.
⇨ 나는 내 남동생이 매우 자랑스럽다.

04 She was <u>scared</u> and start crying.
⇨ 그녀는 무서워서 울기 시작했다.

01 사람의 성격을 나타내는 단어가 <u>아닌</u> 것은? DAY 01, 02

① lazy ② calm ③ curly

④ strict ⑤ serious

02 짝지어진 단어의 관계가 〈보기〉와 같은 것은? DAY 01, 02

> [보기]
>
> wise – wisely

① fun – funny ② smile – smiley

③ love – lovely ④ polite – politely

⑤ honest – honesty

03 빈칸에 들어갈 말이 순서대로 짝지어진 것은? DAY 02, 03, 07

> • She is taking care _____ her cat.
>
> • Be careful _____ my glasses.
>
> • My parents are very proud _____ me.

① of – with – of ② of – at – with

③ at – with – for ④ at – to – for

⑤ for – to – of

04 밑줄 친 부분의 쓰임이 <u>어색한</u> 것은? DAY 03, 05, 06

① John <u>keeps talking</u> to me.

② My <u>grandparent loves</u> dogs.

③ She <u>puts on</u> a T-shirt and jeans.

④ <u>Stop writing</u> and put your pens down.

⑤ <u>Everyone are</u> ready, so I'm going to begin the class.

☑ ANSWERS p.268

[05-06] 빈칸에 들어갈 말로 알맞은 것을 고르시오. 🔗 DAY 04, 05

05

> William Shakespeare was a great _____ and writer. He wrote many great works.

① poet   ② singer   ③ farmer

④ engineer   ⑤ firefighter

06

> During the break, I _____ my legs under the desk.

① start   ② carry   ③ enter

④ strike   ⑤ stretch

07 우리말과 일치하도록 빈칸에 공통으로 들어갈 단어를 쓰시오. 🔗 DAY 07

> • 제가 오늘 늦은 것에 대해 양해해 주세요.
>   → Please _____ me for being late today.
> • 맑은 날은 수영하기 위한 좋은 핑계이다.
>   → A sunny day is a good _____ to swim.

_____

08 우리말과 일치하도록 괄호 안에 단어를 이용하여 문장을 완성하시오. 🔗 DAY 08

> 우리는 그녀가 그렇게 오래 머물 것이라 예상하지 않았다. (expect, stay)

→ We didn't _____ so long.

의사소통

📖 오늘 학습할 단어를 공부하고, 가리개를 사용해서 암기해 보세요.

201 communicate [kəmjúːnəkèit]

(동) 의사소통하다

Animals can **communicate** with sounds.

교과서 동물들은 소리로 **의사소통할** 수 있다.

202 question [kwéstʃən]

(명) 질문; 문제

I have **questions** for you. 교과서

저는 당신께 **질문**이 있습니다.

203 answer [ǽnsər]

(동) 대답하다 (명) 대답

Answer the questions out loud. 교과서

큰 소리로 질문에 **대답하세요**.

▶ give an answer 대답을 하다

204 speak [spiːk]

(동) 말하다

A child starts learning to **speak**. 수능

한 아이가 **말하는** 것을 배우기 시작한다.

205 speech [spiːtʃ]

(명) 연설, 담화

I will give a **speech** about peace. 교과서

나는 평화에 관한 **연설**을 할 것이다.

206 explain [ikspléin]

(동) 설명하다

Let me **explain** what happened.

무슨 일이 있었는지 제가 **설명할게요**.

207 promise [prámis]

(동) 약속하다 (명) 약속

I **promise** it won't happen again.

난 다시는 그런 일이 일어나지 않을 거라고 **약속할게**.

▶ keep[break] a promise 약속을 지키다[깨다]

208 express [iksprés]

(동) 표현하다

He **expressed** emotions with colors.

교과서 그는 색으로 감정을 **표현했다**.

Communication
209 advice [ədváis]

(명) 조언, 충고

You should follow my **advice**. 교과서

너는 내 **조언**을 따라야 한다.

💬 Communication 충고 구하기

A Can you give me an **advice** on my writing?
(제 글에 대한 **조언**을 해 주실 수 있나요?)

B Sure. I think you should list more examples.
(물론이지. 너는 예를 더 제시해야 할 것 같아.)

210 **write** [rait]

(동) 쓰다; 편지하다

I **write** my own stories. 교과서

나는 나 자신의 이야기를 **쓴다**.

211 **letter** [létər]

(명) 편지; 글자

Is he writing a **letter** to her? 교과서

그는 그녀에게 **편지를** 쓰고 있니?

▶▶ a capital **letter** 대문자

212 **chat** [tʃæt]

(명) 수다 (동) 이야기를 나누다

We had a long **chat**. 교과서

우리는 긴 **수다를** 떨었다.

(Voca Tip)

213 **dialogue** [dáiəlɔ̀(:)g]

(명) 대화

Make your own **dialogue** below. 교과서

아래에 당신만의 **대화를** 만드세요.

214 **example** [igzǽmpl]

(명) 사례, 예

It's a very good **example**. 교과서

그것은 아주 좋은 **사례**입니다.

215 **opinion** [əpínjən]

(명) 의견, 견해

What's your **opinion** about this? 교과서

이것에 대한 당신의 **의견**은 어떻습니까?

216 **disagree** [dìsəgríː]

(동) 동의하지 않다

I **disagree** with your opinion.

나는 너의 의견에 **동의하지 않는다**.

[숙어]

217 **agree** [əgríː]

(동) 동의하다

They **agreed** to enter a team. 교과서

그들은 팀에 들어가기로 **동의했다**.

🔆 **Voca Tip** chat vs dialogue

chat ☞ (격식을 차리지 않은, 친구 사이의) 이야기
dialogue ☞ (책·연극·영화 속의) 대화

✦ [숙어] agree with: ~에 동의하다

• I don't **agree with** you.
(저는 당신 의견에 동의하지 않습니다.)
• They seem to **agree with** this rule.
(그들은 이 규칙에 동의하는 것처럼 보인다.)

218 receive [risíːv]

(동) 받다

The winner will **receive** a medal. 수능

우승자는 메달을 **받게** 될 것이다.

219 complain [kəmpléin]

(동) 불평하다

They **complain** about the noise. 수능

그들은 소음에 대해 **불평한다**.

220 show [ʃou]

(동) 보여 주다 (명) 쇼, 프로그램

The following picture **shows** more information. 성취도

다른 그림은 더 많은 정보를 **보여 준다**.

(Culture)

221 introduce [ìntrədjúːs]

(동) 소개하다

Introduce yourself and your job. 교과서

당신과 당신의 직업을 **소개하세요**.

문화 Culture Let me introduce myself.

자기소개를 하라고 하면 어떤 첫 문장이 떠오르나요? 대부분 Let me introduce myself.를 떠올리지 않았나요? 이것은 영어로 자기소개를 할 때 실제로 대단히 공식적인 자리가 아니라면 사용하기에 어색한 표현입니다. 사적인 자리에서는 "Hello. I'm ~." 이렇게 자기소개를 해 보세요!

222 welcome [wélkəm]

(동) 환영하다

Welcome to my birthday party. 교과서

내 생일 파티에 온 걸 **환영해**.

223 repeat [ripíːt]

(동) 반복하다

Don't **repeat** your mistakes.

당신의 실수를 **반복하지** 마세요.

224 mean [miːn]

(동) ~을 뜻하다[의미하다] (형) 못된

You **mean** it's 4:30 p.m. now? 듣기

지금 오후 4시 30분이라는 **뜻인가요**?

▶ be mean to ~에게 못되게 굴다

학교시험

225 discuss [diskʌ́s]

(동) 토론하다, 상의하다

We will **discuss** the book together. 교과서

우리는 그 책에 대해 함께 **토론할** 것입니다.

학교시험 discuss의 쓰임

Q a)와 b) 중 문법적으로 옳은 문장을 고르시오.

a) Let's discuss about it together.
b) Let's discuss it together.

↳ discuss는 전치사 about과 함께 쓰지 않는다.   답 b)

01 _____ with sounds 소리로 의사소통하다

communicate

communicate

02 have _____s for you 네게 질문이 있다

question

03 _____ the questions 질문에 대답하다

answer

04 learn to _____ 말하는 것을 배우다

speak

05 give a _____ 연설을 하다

speech

06 _____ what happened

무슨 일이 있었는지 설명하다

explain

07 keep a _____ 약속을 지키다

promise

08 _____ emotions with colors

색으로 감정을 표현하다

express

09 follow my _____ 내 조언을 따르다

advice

10 _____ my own stories 나 자신의 이야기를 쓰다

write

11 write a _____ 편지를 쓰다

letter

12 have a _____ 수다를 떨다

chat

13 make your own _____

너만의 대화를 만들다

dialogue

14 a good _____ 좋은 사례   example

15 your _____ about ～에 대한 당신의 의견   opinion

16 _____ with your opinion   disagree
네 의견에 동의하지 않다

17 _____ to enter a team   agree
팀에 들어가기로 동의하다

18 _____ a medal   메달을 받다   receive

19 _____ about the noise   complain
소음에 대해 불평하다

20 _____ more information   show
더 많은 정보를 보여 주다

21 _____ your job   당신의 직업을 소개하다   introduce

22 _____ to my party 내 파티에 온 걸 환영하다   welcome

23 _____ your mistake   네 실수를 반복하다   repeat

24 be _____ to ～에게 못되게 굴다   mean

25 _____ the book together   discuss
함께 그 책에 대해 토론하다

의사소통
3-Minute Check

오늘 학습한 단어와 뜻을
최종적으로 암기했는지 확인하세요!

		Check			Check
201 **communicate**	통 의사소통하다	☐	214 **example**	명 사례, 예	☐
202 **question**	명 질문; 문제	☐	215 **opinion**	명 의견, 견해	☐
203 **answer**	통 대답하다 명 대답	☐	216 **disagree**	통 동의하지 않다	☐
204 **speak**	통 말하다	☐	217 **agree**	통 동의하다	☐
205 **speech**	명 연설, 담화	☐	218 **receive**	통 받다	☐
206 **explain**	통 설명하다	☐	219 **complain**	통 불평하다	☐
207 **promise**	통 약속하다 명 약속	☐	220 **show**	통 보여 주다 명 쇼, 프로그램	☐
208 **express**	통 표현하다	☐	221 **introduce**	통 소개하다	☐
209 **advice**	명 조언, 충고	☐	222 **welcome**	통 환영하다	☐
210 **write**	통 쓰다; 편지하다	☐	223 **repeat**	통 반복하다	☐
211 **letter**	명 편지; 글자	☐	224 **mean**	통 ~을 뜻하다 [의미하다] 형 못된	☐
212 **chat**	명 수다 통 이야기를 나누다	☐	225 **discuss**	통 토론하다, 상의하다	☐
213 **dialogue**	명 대화	☐			

외우지 않은 단어가 있으면 미니 단어장에서 다시 한번 정리해 보세요.

감각

📖 오늘 학습할 단어를 공부하고, 가리개를 사용해서 암기해 보세요.

---

226 sense [sens]

(명) 감각 (동) 느끼다

Animals have a surprising **sense**. 교과서

동물들은 놀라운 **감각**을 가지고 있다.

---

227 smell [smel]

(동) 냄새가 나다 (명) 냄새

The fried tomato-egg **smells** good.

교과서 그 튀긴 계란 입힌 토마토는 좋은 **냄새가 난다**.

---

228 touch [tʌtʃ]

(동) 만지다 (명) 촉각

Did she **touch** his head? 교과서

그녀가 그의 머리를 **만졌나요**?

---

229 rough [rʌf]

(형) 거친; 대강의

Her hands are hard and **rough**.

그녀의 손은 딱딱하고 **거칠다**.

▶ a rough guess 대강의 추측, 짐작

---

230 flash [flæʃ]

(동) 번쩍이다 (명) 번쩍임

The blue light will **flash** soon. 수능

파란 불빛이 곧 **번쩍일** 것이다.

---

231 notice [nóutis]

(동) ~을 알아차리다 (명) 안내문

I didn't **notice** her entering.

나는 그녀가 들어오는 것을 **알아차리지** 못했다.

▶ post a notice 안내문을 게시하다

---

232 loud [laud]

(부) 큰 소리로 (형) (소리가) 큰

Let's read out **loud** together. 교과서

우리 같이 **큰 소리로** 읽어 봅시다.

---

233 noisy [nɔ́izi]

(형) 시끄러운

This street is always **noisy**.

이 거리는 항상 **시끄럽다**.

(Communication)

234 sound [saund]

(명) 소리 (동) ~하게 들리다

How does **sound** move through the air? 성취도

소리는 어떻게 공기를 통해 움직일까?

💬 **Communication** 제안하고 답하기

A Why don't we watch a movie tonight?
(우리 오늘 밤 영화 보는 게 어때?)

B That **sounds** great!
(그거 좋겠다!)

05 10 15

235 **voice** [vɔis]

(명) 목소리
I said in a small **voice**. 교과서
나는 작은 **목소리**로 말했다.

236 **whisper** [hwíspər]

(동) 속삭이다 (명) 속삭임
Don't **whisper** with your friends.
당신의 친구들과 **속삭이지** 마세요.

237 **hear** [hiər]

(동) 듣다; 들리다
I can't **hear** any sounds. 듣기
나는 어떤 소리도 **들을** 수 없다.

(Voca Tip)
238 **listen** [lísn]

(동) 듣다
They **listen** to a funny story. 수능
그들은 웃긴 이야기를 **듣는다**.

💡 **Voca Tip** hear vs listen

hear ☞ 의도하지 않게 들리는 소리를 자연스럽게 듣는다는
의미
listen ☞ 자신의 의지로 어떠한 소리를 집중해서 잘 듣는다는
의미

239 **sight** [sait]

(명) 보기; 광경; 시력
They fell in love at first **sight**. 교과서
그들은 첫 **보기**[첫눈]에 사랑에 빠졌다.

» **have a good sight** 시력이 좋다

240 **stare** [stɛər]

(동) 빤히 쳐다보다
I shouted and they **stared**.
내가 소리 지르자 그들이 **빤히 쳐다보았다**.

241 **watch** [wɑtʃ]

(동) 보다 (명) 손목시계
I don't **watch** TV much. 교과서
나는 TV를 많이 **보지** 않는다.

(숙어)
242 **look** [luk]

(동) 보이다; 보다 (명) (pl.) 외모
They will **look** silly or lazy. 수능
그들은 바보 같거나 게으르게 **보일** 것이다.

» **good looks** 잘생긴 외모

💡 숙어 look at: ~을 보다 / look for: ~을 찾다

· **Look at** the laughing baby.
(저 웃고 있는 아기를 봐.)
· I'm **looking for** the teacher's room.
(저는 교무실을 찾고 있습니다.)

243 sour [sáuər]

(형) (맛이) 신

Green apples are sweet and **sour**.

성취도 녹색 사과는 달고 **시다**.

244 spicy [spáisi]

(형) 매콤한; 양념 맛이 강한

I enjoy eating **spicy** food. **교과서**

나는 **매콤한** 음식 먹는 것을 즐긴다.

245 smooth [smuːð]

(형) (소리·맛이) 부드러운; 매끈한

This special coffee is **smooth**.

이 특별한 커피는 (맛이) **부드럽다**.

(Culture) 246 soft [sɔ(ː)ft]

(형) 부드러운

This sand is warm and **soft**. **교과서**

이 모래는 따뜻하고 **부드럽다**.

문화 Culture soft drink? 부드러운 음료?

soft drink는 알코올 성분이 없는 순한 음료라는 의미로, 우리
가 청량음료라고 부르는 것을 가리킨답니다. 그렇다면 hard
drink는 무엇일까요? soft drink와 반대의 뜻인 알코올이
포함된 음료, 즉 술을 의미하지요.

247 bitter [bítər]

(형) (맛이) 쓴

Rats don't like **bitter** foods. **수능**

쥐는 **쓴** 음식을 좋아하지 않는다.

248 thirsty [θə́ːrsti]

(형) 목이 마른

I was **thirsty** after the soccer game.

나는 축구 경기 후에 **목이 말랐다**.

249 hard [hɑːrd]

(형) 딱딱한; 어려운; 힘든   (부) 열심히

The cheese isn't very **hard**. **교과서**

그 치즈는 그렇게 **딱딱하지** 않다.

▶▶ study hard 열심히 공부하다

학교시험 250 taste [teist]

(동) 맛이 ~하다   (명) 맛

The Italian pancakes **taste** different.

교과서 그 이탈리아식 팬케이크는 다른 **맛이 난다**.

학교시험 감각동사 + 형용사

Q 괄호 안에 알맞은 것을 고르시오.

The soup tastes (bad / badly).

↳ '~한 맛이 나다'는 <taste + 형용사>로 쓴다.

답 bad

01 have a surprising _____ 놀라운 감각을 가지다 | sense   sense

02 _____ good 좋은 냄새가 나다 | smell

03 _____ his head 그의 머리를 만지다 | touch

04 hard and _____ hands 딱딱하고 거친 손 | rough

05 a _____ of the light 불빛의 번쩍임 | flash

06 _____ her entering
그녀가 들어오는 것을 알아차리다 | notice

07 read out _____ 큰 소리로 읽다 | loud

08 a _____ street 시끄러운 거리 | noisy

09 _____ moves through the air | sound
소리는 공기를 통해 움직인다

10 in a small _____ 작은 목소리로 | voice

11 _____ with your friends 네 친구들과 속삭이다 | whisper

12 _____ sounds 소리를 듣다 | hear

13 _____ to a funny story 웃긴 이야기를 듣다 | listen

14 at first _____ 첫 보기[첫눈]에   sight

15 _____ at people 사람들을 빤히 쳐다보다   stare

16 _____ TV TV를 보다   watch

17 _____ silly 바보 같아 보이다   look

18 sweet and _____ 달고 신   sour

19 eat _____ food 매콤한 음식을 먹다   spicy

20 a _____ coffee 부드러운 커피   smooth

21 warm and _____ 따뜻하고 부드러운   soft

22 _____ foods 쓴 음식   bitter

23 be _____ after the game
경기 후에 목이 마르다   thirsty

24 study _____ 열심히 공부하다   hard

25 _____ different 다른 맛이 나다   taste

		Check
226 **sense**	몡 감각 동 느끼다	☐
227 **smell**	동 냄새가 나다 몡 냄새	☐
228 **touch**	동 만지다 몡 촉각	☐
229 **rough**	형 거친; 대강의	☐
230 **flash**	동 번쩍이다 몡 번쩍임	☐
231 **notice**	동 ~을 알아차리다 몡 안내문	☐
232 **loud**	뷔 큰 소리로 형 (소리가) 큰	☐
233 **noisy**	형 시끄러운	☐
234 **sound**	몡 소리 동 ~하게 들리다	☐
235 **voice**	몡 목소리	☐
236 **whisper**	동 속삭이다 몡 속삭임	☐
237 **hear**	동 듣다; 들리다	☐
238 **listen**	동 듣다	☐

		Check
239 **sight**	몡 보기; 광경; 시력	☐
240 **stare**	동 빤히 쳐다보다	☐
241 **watch**	동 보다 몡 손목시계	☐
242 **look**	동 보이다; 보다 몡 (pl.) 외모	☐
243 **sour**	형 (맛이) 신	☐
244 **spicy**	형 매콤한; 양념 맛이 강한	☐
245 **smooth**	형 (소리·맛이) 부드러운; 매끈한	☐
246 **soft**	형 부드러운	☐
247 **bitter**	형 (맛이) 쓴	☐
248 **thirsty**	형 목이 마른	☐
249 **hard**	형 딱딱한; 어려운; 힘든 뷔 열심히	☐
250 **taste**	동 맛이 ~하다 몡 맛	☐

외우지 않은 단어가 있으면 미니 단어장에서 다시 한번 정리해 보세요.

장소, 지역

📖 오늘 학습할 단어를 공부하고, 가리개를 사용해서 암기해 보세요.

251 building [bíldiŋ]

몡 건물

Walk around 2000-year-old **buildings**.

교과서 2000년 된 **건물**들 주변을 걸어 보아라.

252 library [láibrèri]

몡 도서관

We'll buy books for the **library**. **수능**

우리는 그 **도서관**을 위한 책을 구입할 것이다.

253 bakery [béikəri]

몡 빵집

Let's buy some bread from a **bakery**.

성취도 **빵집**에서 빵을 좀 사자.

254 bookstore [búkstɔ̀ːr]

몡 서점

The **bookstore** is on your left. **듣기**

그 **서점**은 당신의 왼편에 있다.

255 tower [táuər]

몡 탑

I watched you from the **tower**. **교과서**

나는 **탑**에서 너를 보았다.

256 space [speis]

몡 공간, 장소; 우주

Items are taking up **space**. **성취도**

물품들이 **공간**을 차지하고 있다.

➡ **travel into space** 우주로 여행가다

257 area [ɛ́əriə]

몡 구역; 지역

Go to the camping **area**. **교과서**

캠핑 **구역**으로 가세요.

258 region [ríːdʒən]

몡 지방; 지역

This **region**'s apples are especially sweet.

이 **지방**의 사과는 특히나 달다.

Communication
259 country [kʌ́ntri]

몡 나라; 시골

It doesn't rain in his **country**. **교과서**

그의 **나라**에는 비가 오지 않는다.

💬 **Communication** 국적[출신지] 묻고 답하기

A What country are you from?
(당신은 어느 나라에서 왔습니까?)

B I'm from Canada.
(저는 캐나다에서 왔습니다.)

260 **palace** [pǽlis]

(명) 궁전

There's a beautiful **palace** here. 교과서

이곳에 아름다운 **궁전**이 있다.

261 **farm** [fɑ:rm]

(명) 농장

We work on Mr. Brown's animal **farm**.

교과서 우리는 Brown 씨의 동물 **농장**에서 일한다.

262 **town** [taun]

(명) 마을, (소)도시; 시내

Ask anything about my **town**. 교과서

나의 **마을**에 대해 어떤 것이든 물어봐라.

» **out of town** 시내에서 벗어나서

Voca Tip
263 **village** [vílidʒ]

(명) 마을

I'll visit the folk **village**. 교과서

나는 민속 **마을**을 방문할 것이다.

264 **apartment** [əpá:rtmənt]

(명) 아파트

With a lack of money, we moved to a smaller **apartment**. 수능

돈이 부족해서 우리는 더 작은 **아파트**로 이사했다.

265 **office** [ɔ́(:)fis]

(명) 사무실

He is waiting in your **office**.

그는 당신의 **사무실**에서 기다리고 있다.

266 **company** [kʌ́mpəni]

(명) 회사

What is the **company**'s name? 교과서

그 **회사**의 이름은 무엇인가요?

숙어
267 **place** [pleis]

(명) 장소 (동) 놓다, 두다

It's a good **place** for children. 수능

그곳은 아이들을 위한 좋은 **장소**이다.

» **place ~ on** …에 ~을 놓다

💡 **Voca Tip** town vs village

town ☞ 도시(city)보다는 작지만 사람들이 많이 살며, 구청, 시청 등과 같은 지방 정부가 있는 마을을 의미함

village ☞ town보다는 규모가 작은 마을을 의미함

✦ **숙어** take place: ~이 개최되다[열리다]

· The meeting will **take place** tonight.
  (그 회의는 오늘 밤에 개최될 것이다.)
· His concert **took place** last month.
  (그의 콘서트는 지난달에 열렸다.)

268 entrance [éntrəns]

몡 입구; 입장

Where is the hospital **entrance**?

병원 **입구**는 어디입니까?

269 exit [égzit, éksit]

몡 출구

They're rushing to the **exit**. 교과서

그들은 **출구**로 급히 움직이고 있다.

270 stair [stɛər]

몡 계단

She often takes the **stairs** for good health. 교과서

그녀는 건강을 위해 종종 **계단**을 이용한다.

(Culture)
271 floor [flɔːr]

몡 바닥; (건물의) 층

She runs across the **floor**. 교과서

그녀는 **바닥**을 가로질러 달려간다.

272 main [mein]

혱 (가장) 큰, 주요한

Stop at the **main** road.

큰 도로에서 멈추어라.

273 hall [hɔːl]

몡 홀; 회관; 복도

The singer is at the concert **hall**. 교과서

그 가수는 콘서트**홀**에 있다.

▶▶ the students' hall 학생 회관

274 garage [gərάːʤ]

몡 차고

Three cats live in my **garage**.

세 마리 고양이들이 내 **차고**에 산다.

학교시험
275 church [tʃəːrtʃ]

몡 교회

He builds **churches** in new styles. 수능

그는 새로운 스타일로 **교회**를 짓는다.

문화 Culture first floor는 1층? 2층?

first floor는 미국에서는 1층이지만, 영국에서는 2층을 가리킵니다. 그렇다면 영국에서는 1층을 무엇이라고 할까요? 1층이 땅바닥과 같은 높이에 있다는 의미에서 ground floor라고 한답니다. 엘리베이터의 Ⓖ 버튼이 바로 이 ground level을 의미하지요!

학교시험 관용어구 go to church

Q 괄호 안에 알맞은 것을 고르시오.

I go to (church / the church) every Sunday.

↳ '(예배드리러) 교회에 가다'는 관용적으로 go to church 라고 한다.

답 church

01 a 2000-year-old _____ 2000년 된 건물

building   building

02 books for the _____ 도서관을 위한 책들

library

03 buy some bread from a _____
빵집에서 빵을 좀 사다

bakery

04 the _____ on the corner 모퉁이에 있는 서점

bookstore

05 from the _____ 탑에서

tower

06 take up _____ 공간을 차지하다

space

07 the camping _____ 캠핑 구역

area

08 this _____'s apple 이 지방의 사과

region

09 in his _____ 그의 나라[조국]에

country

10 a beautiful _____ 아름다운 궁전

palace

11 work on his _____ 그의 농장에서 일하다

farm

12 out of _____ 시내에서 벗어나

town

13 the folk _____ 민속 마을

village

14 move to an _____ 아파트로 이사하다   apartment

15 wait in your _____ 네 사무실에서 기다리다   office

16 the _____'s name 그 회사의 이름   company

17 a _____ for children 아이들을 위한 장소   place

18 the hospital _____ 병원 입구   entrance

19 rush to the _____ 출구로 급히 움직이다   exit

20 take the _____s 계단을 이용하다   stair

21 run across the _____
바닥을 가로질러 달려가다   floor

22 at the _____ road 큰 도로에서   main

23 at the concert _____ 콘서트홀에서   hall

24 live in my _____ 내 차고에 살다   garage

25 build a _____ 교회를 짓다   church

		Check				Check
251 **building**	몡 건물	☐	264 **apartment**	몡 아파트		☐
252 **library**	몡 도서관	☐	265 **office**	몡 사무실		☐
253 **bakery**	몡 빵집	☐	266 **company**	몡 회사		☐
254 **bookstore**	몡 서점	☐	267 **place**	몡 장소 통 놓다, 두다		☐
255 **tower**	몡 탑	☐	268 **entrance**	몡 입구; 입장		☐
256 **space**	몡 공간, 장소; 우주	☐	269 **exit**	몡 출구		☐
257 **area**	몡 구역; 지역	☐	270 **stair**	몡 계단		☐
258 **region**	몡 지방; 지역	☐	271 **floor**	몡 바닥; (건물의) 층		☐
259 **country**	몡 나라; 시골	☐	272 **main**	혱 (가장) 큰, 주요한		☐
260 **palace**	몡 궁전	☐	273 **hall**	몡 홀; 회관; 복도		☐
261 **farm**	몡 농장	☐	274 **garage**	몡 차고		☐
262 **town**	몡 마을, (소)도시; 시내	☐	275 **church**	몡 교회		☐
263 **village**	몡 마을	☐				

외우지 않은 단어가 있으면 미니 단어장에서 다시 한번 정리해 보세요.

오늘 학습할 단어를 공부하고, 가리개를 사용해서 암기해 보세요.

276 rice [rais]

명 밥, 쌀, 벼

It is made of seafood and **rice**. 교과서

그것은 해산물과 **쌀**로 만들어진다.

277 bread [bred]

명 빵

Tell me about your famous **bread**. 수능

당신의 유명한 **빵**에 대해 말씀해 주세요.

278 noodle [núːdl]

명 국수

I want spicy **noodles** for dinner. 성취도

나는 저녁 식사로 매운 **국수**를 원한다.

279 salt [sɔːlt]

명 소금

Hamburgers have too much **salt**. 교과서

햄버거에는 **소금**이 너무 많이 들어 있다.

280 sugar [ʃúɡər]

명 설탕

Add **sugar** and mix well. 교과서

설탕을 넣어서 잘 섞으세요.

281 corn [kɔːrn]

명 옥수수; 곡식

The field is full of **corn**.

그 들판은 **옥수수**로 가득하다.

▶▶ grow corn 곡식을 재배하다

282 bean [biːn]

명 콩

Use **beans** to make vegetarian meat.

교과서 채식용 고기를 만들기 위해 **콩**을 사용해봐.

283 snack [snæk]

명 간식

Sandwich is the best **snack** for me. 교과서

샌드위치는 내게 가장 좋은 **간식**이다.

(Communication)

284 recipe [résəpìː]

명 조리법

I found a simple **recipe** online. 교과서

나는 온라인에서 간편한 **조리법**을 찾았다.

💬 Communication 조리법 묻고 답하기

A Tell me your recipe for *bibimbap*.
(너만의 비빔밥 조리법을 알려 줘.)
B I add sesame oil on the top.
(난 참기름을 맨 위에 첨가해.)

285 salad [sǽləd]

(명) 샐러드

Try this cold chicken **salad**. 교과서

이 차가운 치킨 **샐러드**를 먹어 보세요.

286 vegetable [védʒtəbl]

(명) 채소, 야채

What **vegetables** do you grow? 듣기

당신은 어떤 **채소**를 기르나요?

287 beef [bi:f]

(명) 소고기

I'd like to have a **beef** steak.

저는 **소고기** 스테이크로 할게요.

288 meat [mi:t]
Voca Tip

(명) 고기

Nature give much food and **meat** for our table. 수능

자연은 우리 식탁에 많은 음식과 **고기**를 제공한다.

289 carrot [kǽrət]

(명) 당근

A cup of **carrot** juice has a lot of vitamin A. 교과서

당근 주스 한 컵에는 비타민 A가 풍부하다.

290 mushroom [mʌ́ʃru(:)m]

(명) 버섯

Mushroom is good for health.

버섯은 건강에 좋다.

291 spinach [spínitʃ]

(명) 시금치

Spinach will make you strong.

시금치는 당신을 강하게 만들어 줄 것이다.

292 onion [ʌ́njən]
Culture

(명) 양파

During the game, unlucky kids get **onions**, not candies. 교과서

게임 중에 운이 나쁜 어린이들은 사탕이 아니라 **양파**를 받는다.

💡 **Voca Tip** beef **vs** meat

beef ☞ 소고기를 의미함
meat ☞ 소고기를 포함하여 돼지고기(pork), 닭고기(chicken), 생선(fish) 등 먹을 수 있는 모든 고기를 의미함

문화 **Culture** green onion? spring onion?

onion은 양파인데, 양파와 비슷한 '파'는 영어로 뭐라고 할까요? 미국에서는 green onion이라고 하고, 영국에서는 spring onion이라고 부른답니다.

293 **fruit** [fru:t]

(명) 과일; 열매

Some children don't eat enough **fruit**.

교과서 몇몇 아이들은 **과일**을 충분히 먹지 않는다.

▶ bear fruit 열매를 맺다

294 **pear** [pɛər]

(명) 배

A **pear** dropped from the tree and it was really juicy.

배 하나가 나무에서 떨어졌고, 그것은 진짜 즙이 많았다.

295 **peach** [pi:tʃ]

(명) 복숭아; 복숭아색

Please peel a **peach** for me.

나를 위해 **복숭아** 껍질을 벗겨 주세요.

관용어구
296 **potato** [pətéitou]

(명) 감자

She likes eating fried **potato**. **교과서**

그녀는 튀긴 **감자**를 먹는 것을 좋아한다.

관용어구 a couch potato: 아주 게으른 사람

· She looks like a couch potato.
  (그녀는 게으름뱅이처럼 보인다.)
· I'm a couch potato on Sundays.
  (저는 일요일마다 온종일 소파에서 TV만 봐요.)

297 **grape** [greip]

(명) 포도

Put **grapes** in the basket. **교과서**

포도를 그 바구니에 넣어라.

298 **strawberry** [strɔ́:bèri]

(명) 딸기

The hotel will hold a **strawberry** party.

그 호텔은 **딸기** 파티를 열 것이다.

299 **watermelon** [wɔ́:tərmèlən]

(명) 수박

I'll bring some **watermelon** juice. **듣기**

나는 **수박** 주스를 좀 가져올 것이다.

학교시험
300 **tea** [ti:]

(명) 차

Would you like some hot **tea**? **교과서**

따뜻한 **차** 좀 드시겠어요?

학교시험 셀 수 없는 명사를 세는 단위

Q 괄호 안에 알맞은 것을 고르시오.

I like drinking (a tea / a cup of tea) in the afternoon.

↳ tea는 셀 수 없는 명사이므로 단위를 이용해 a cup of로 셀 수 있다. 답 tea

01 be made of _____   쌀로 만들어지다 | rice _____ rice

02 your famous _____   당신의 유명한 빵 | bread _____

03 spicy _____s   매운 국수 | noodle _____

04 have too much _____
소금이 너무 많이 들어 있다 | salt _____

05 add _____ and mix   설탕을 넣고 섞다 | sugar _____

06 be full of _____   옥수수로 가득하다 | corn _____

07 use _____ to make meat
고기를 만들기 위해 콩을 사용하다 | bean _____

08 the best _____   최고의 간식 | snack _____

09 find a simple _____   간편한 조리법을 찾다 | recipe _____

10 cold chicken _____   차가운 치킨 샐러드 | salad _____

11 grow _____s   채소를 기르다[재배하다] | vegetable _____

12 have a _____ steak   소고기 스테이크를 먹다 | beef _____

13 give _____ for our table
우리 식탁에 고기를 제공하다 | meat _____

14 a cup of _____ juice 당근 주스 한 컵

carrot

15 the _____ soup 버섯 스프

mushroom

16 the steamed _____ 찐 시금치

spinach

17 fried _____ rings 튀긴 양파링

onion

18 eat enough _____ 과일을 충분히 먹다

fruit

19 a juicy _____ 즙이 많은 배 하나

pear

20 peel a _____ 복숭아 껍질을 벗기다

peach

21 eat fried _____ 감자 튀김을 먹다

potato

22 put _____s in the basket
포도를 바구니에 넣다

grape

23 hold a _____ party 딸기 파티를 열다

strawberry

24 bring some _____ juice
수박 주스를 좀 가져오다

watermelon

25 drink a cup of _____ 차 한 잔을 마시다

tea

		Check				Check
276 **rice**	몡 밥, 쌀, 벼	☐	289 **carrot**	몡 당근	☐
277 **bread**	몡 빵	☐	290 **mushroom**	몡 버섯	☐
278 **noodle**	몡 국수	☐	291 **spinach**	몡 시금치	☐
279 **salt**	몡 소금	☐	292 **onion**	몡 양파	☐
280 **sugar**	몡 설탕	☐	293 **fruit**	몡 과일; 열매	☐
281 **corn**	몡 옥수수; 곡식	☐	294 **pear**	몡 배	☐
282 **bean**	몡 콩	☐	295 **peach**	몡 복숭아; 복숭아색	☐
283 **snack**	몡 간식	☐	296 **potato**	몡 감자	☐
284 **recipe**	몡 조리법	☐	297 **grape**	몡 포도	☐
285 **salad**	몡 샐러드	☐	298 **strawberry**	몡 딸기	☐
286 **vegetable**	몡 채소, 야채	☐	299 **watermelon**	몡 수박	☐
287 **beef**	몡 소고기	☐	300 **tea**	몡 차	☐
288 **meat**	몡 고기	☐			

외우지 않은 단어가 있으면 미니 단어장에서 다시 한번 정리해 보세요.

Wrap Up

A 영어는 우리말로, 우리말은 영어로 쓰시오.

01 carrot _____

02 whisper _____

03 noodle _____

04 voice _____

05 taste _____

06 company _____

07 chat _____

08 area _____

09 library _____

10 dialogue _____

11 stare _____

12 region _____

13 village _____

14 opinion _____

15 sense _____

16 질문; 문제 _____

17 공간; 우주 _____

18 불평하다 _____

19 목이 마른 _____

20 서점 _____

21 연설, 담화 _____

22 채소, 야채 _____

23 동의하지 않다 _____

24 출구 _____

25 의사소통하다 _____

26 (맛이) 쓴 _____

27 시금치 _____

28 소개하다 _____

29 거친; 대강의 _____

30 조리법 _____

B 우리말과 일치하도록 빈칸에 알맞은 단어를 쓰시오.

01 달고 신   sweet and _____

02 매콤한 음식을 먹다   eat _____ food

03 편지를 쓰다   write a _____

04 좋은 사례   a good _____

05 차 한 잔을 마시다   drink a cup of _____

06 과일을 충분히 먹다   eat enough _____

07 병원 입구   the hospital _____

08 빵집에서 빵을 좀 사다   buy some bread from a _____

C 밑줄 친 부분에 해당하는 우리말 해석을 찾아 밑줄을 치시오.

01 There's a beautiful underline{palace} here.
⇨ 이곳에 아름다운 궁전이 있다.

02 The hotel will hold a underline{strawberry} party.
⇨ 그 호텔은 딸기 파티를 열 것이다.

03 This special coffee is underline{smooth}.
⇨ 이 특별한 커피는 맛이 부드럽다.

04 We will underline{discuss} the book together.
⇨ 우리는 그 책에 대해 함께 토론할 것입니다.

어려운 문제도 뚝딱!

DAY 13 요리, 식당

📖 오늘 학습할 단어를 공부하고, 가리개를 사용해서 암기해 보세요.

---

301 **restaurant** [réstərənt]

(명) 식당

I had lunch at a Korean **restaurant**.

교과서 나는 한국 **식당**에서 점심을 먹었다.

---

302 **kitchen** [kítʃən]

(명) 부엌

My husband washes the dishes in the **kitchen**.

내 남편은 **부엌**에서 설거지를 한다.

---

303 **bowl** [boul]

(명) 그릇, 사발

He had a **bowl** of rice. 교과서

그는 밥 한 **그릇**을 먹었다.

---

304 **plate** [pleit]

(명) 접시; 요리

She leaves food on the **plate**. 교과서

그녀는 **접시**에 음식을 남긴다.

⏩ seafood **plate** 해산물 요리

---

305 **napkin** [nǽpkin]

(명) 냅킨

I'll bring a **napkin** now.

제가 지금 **냅킨**을 가져오겠습니다.

---

306 **hungry** [hʌ́ŋgri]

(형) 배고픈, 굶주린

He works for **hungry** children. 교과서

그는 **배고픈** 아이들을 위해 일한다.

---

307 **service** [sə́:rvis]

(명) 서비스, 봉사

I'm happy with your cleaning **service**.

수능 저는 당신의 청소 **서비스**에 만족합니다.

---

308 **serve** [sə:rv]

(동) (음식을) 제공하다; (손님) 시중을 들다

They **serve** food from other countries.

교과서 그들은 다른 나라 음식을 **제공한다**.

(Communication)

309 **order** [ɔ́:rdər]

(동) 주문하다; 명령하다 (명) 순서

Let's **order** a chicken sandwich. 교과서

치킨 샌드위치를 **주문합시다**.

⏩ in alphabetical **order** 알파벳 순서로

💬 **Communication** 주문하기

A May I take your **order**?
(주문하시겠어요?)

B Yes. I'd like a hamburger and a coke, please.
(네. 햄버거 하나와 콜라 하나 주세요.)

310 steam [sti:m]

⑧ (음식을) 찌다 ⑨ 증기; 수증기
Steam fish for ten minutes.
10분 동안 생선을 **찌세요**.

» wipe the steam 수증기를 닦다

311 fry [frai]

⑧ (기름에) 굽다, 튀기다
The chef will **fry** the steak.
요리사는 스테이크를 **구울** 것이다.

312 bake [beik]

⑧ (빵 따위를) 굽다
I **bake** bread every morning. 교과서
나는 매일 아침 빵을 **굽는다**.

(Voca Tip)
313 cook [kuk]

⑧ 요리하다 ⑨ 요리사
Eggs are very easy to **cook**.
계란은 **요리하기** 매우 쉽다.

314 slice [slais]

⑧ (얇게) 자르다 ⑨ (얇게 자른) 조각
Let me **slice** the cheese.
제가 치즈를 **얇게 자를게요**.

» a slice of bread 빵 한 조각

315 peel [pi:l]

⑧ 껍질을 벗기다 ⑨ 껍질
He tried to **peel** the potatoes.
그는 감자 **껍질을 벗기려고** 했다.

316 boil [bɔil]

⑧ 끓다, 끓이다
When water **boils**, it turns into a gas.
성취도 물이 **끓을** 때 기체로 바뀐다.

[숙어]
317 mix [miks]

⑧ 섞다
He **mixed** milk and sugar. 교과서
그는 우유와 설탕을 **섞었다**.

💡 **Voca Tip** fry **vs** bake **vs** cook

fry ☞ 뜨거운 기름을 이용해 굽는 것을 의미
bake ☞ 빵·과자 따위를 오븐에 굽는 것을 의미
cook ☞ 열을 이용하여 요리하는 모든 것을 의미

 숙어 **mix A up with B:** A를 B와 혼동하다
mix up: ~을 뒤섞다

• You **mix me up with** someone else.
  (당신은 나를 다른 사람과 혼동하고 있다.)
• He **mixed up** all the papers.
  (그는 모든 서류를 뒤섞었다.)

318 meal [miːl]

(명) 식사, 끼니

You should finish your **meal** first. 교과서

당신은 **식사** 먼저 끝내야 한다.

319 breakfast [brékfəst]

(명) 아침 식사

I will make **breakfast** for you. 교과서

제가 당신을 위해 **아침 식사**를 만들어 드릴게요.

320 dinner [dínər]

(명) 저녁 식사; 정찬

What do you want for **dinner**? 듣기

당신은 **저녁 식사**로 뭘 원하나요?

(Culture)
321 dessert [dizɔ́ːrt]

(명) 후식, 디저트

What's your favorite **dessert**? 교과서

당신이 가장 좋아하는 **후식**은 무엇입니까?

문화 Culture dessert? pudding?

디저트의 한 종류인 '푸딩' 아시죠? 영국에서는 푸딩뿐만 아니라 디저트 전체를 푸딩(pudding)이라고 부른답니다. 차이가 있다면 dessert는 주로 달콤한 디저트를, pudding은 달콤하면서 고소한 디저트를 나타내요. 영국에 가면 What's for pudding?(디저트는 무엇인가요?)이라고 물어보세요!

322 sweet [swiːt]

(형) 달콤한

I like all kinds of **sweet** fruits. 교과서

나는 모든 종류의 **달콤한** 과일을 좋아한다.

323 delicious [dilíʃəs]

(형) 아주 맛있는

This chocolate looks **delicious**, doesn't it? 교과서

이 초콜릿은 **아주 맛있어** 보인다, 그렇지 않니?

324 fresh [freʃ]

(형) 신선한; 상쾌한

Last night, I ate **fresh** egg salad. 교과서

어젯밤에 나는 **신선한** 계란 샐러드를 먹었다.

▶▶ a fresh taste 상쾌한 맛

학교시험
325 juicy [dʒúːsi]

(형) 즙이 많은

My uncle likes sweet **juicy** oranges.

내 삼촌은 달고 **즙이 많은** 오렌지를 좋아하신다.

학교시험 명사 vs. 형용사

Q 괄호 안에 알맞은 것을 고르시오.

The meat was very (juice / **juicy**).

↳ juice는 '즙'이라는 뜻의 명사, juicy는 '즙이 많은'이라는 뜻의 형용사이다.

답 juicy

01 a Korean _____ 한국 식당

restaurant   restaurant

02 wash the dishes in the _____
부엌에서 설거지하다

kitchen

03 a _____ of rice 밥 한 그릇

bowl

04 leave food on the _____
접시에 음식을 남기다

plate

05 bring a _____ 냅킨을 가져오다

napkin

06 work for _____ children
배고픈 아이들을 위해 일하다

hungry

07 the cleaning _____ 청소 서비스

service

08 _____ food 음식을 제공하다

serve

09 _____ a chicken sandwich
치킨 샌드위치를 주문하다

order

10 _____ fish 생선을 찌다

steam

11 _____ the steak 스테이크를 굽다

fry

12 _____ bread every morning
매일 아침 빵을 굽다

bake

13 be easy to _____ 요리하기 쉽다

cook

14 _____ the cheese   치즈를 얇게 자르다   slice

15 _____ the potatoes   감자 껍질을 벗기다   peel

16 _____ water   물을 끓이다   boil

17 _____ milk and sugar   우유와 설탕을 섞다   mix

18 finish the _____   식사를 마치다   meal

19 make _____ for you   breakfast
   너를 위해 아침 식사를 만들다

20 time for _____   저녁 식사 시간   dinner

21 her favorite _____   그녀가 가장 좋아하는 후식   dessert

22 all kinds of _____ fruits   sweet
   모든 종류의 달콤한 과일들

23 look _____   아주 맛있어 보이다   delicious

24 _____ egg salad   신선한 계란 샐러드   fresh

25 like _____ oranges   즙이 많은 오렌지를 좋아하다   juicy

		Check				Check
301 **restaurant**	몡 식당	☐	314 **slice**	동 (얇게) 자르다 몡 (얇게 자른) 조각	☐
302 **kitchen**	몡 부엌	☐	315 **peel**	동 껍질을 벗기다 몡 껍질	☐
303 **bowl**	몡 그릇, 사발	☐	316 **boil**	동 끓다, 끓이다	☐
304 **plate**	몡 접시; 요리	☐	317 **mix**	동 섞다	☐
305 **napkin**	몡 냅킨	☐	318 **meal**	몡 식사, 끼니	☐
306 **hungry**	혱 배고픈, 굶주린	☐	319 **breakfast**	몡 아침 식사	☐
307 **service**	몡 서비스, 봉사	☐	320 **dinner**	몡 저녁 식사; 정찬	☐
308 **serve**	동 (음식을) 제공하다; (손님) 시중을 들다	☐	321 **dessert**	몡 후식, 디저트	☐
309 **order**	동 주문하다; 명령하다 몡 순서	☐	322 **sweet**	혱 달콤한	☐
310 **steam**	동 (음식을) 찌다 몡 증기; 수증기	☐	323 **delicious**	혱 아주 맛있는	☐
311 **fry**	동 (기름에) 굽다, 튀기다	☐	324 **fresh**	혱 신선한; 상쾌한	☐
312 **bake**	동 (빵 따위를) 굽다	☐	325 **juicy**	혱 즙이 많은	☐
313 **cook**	동 요리하다 몡 요리사	☐			

외우지 않은 단어가 있으면 미니 단어장에서 다시 한번 정리해 보세요.

DAY 14

의복, 패션

📖 오늘 학습할 단어를 공부하고, 가리개를 사용해서 암기해 보세요.

---

326 wear [wɛər]

동 입다; 쓰다

I'm going to **wear** a new sweater.
나는 새 스웨터를 **입을** 것이다.

▶▶ **wear a mask** 마스크를 쓰다

---

327 tie [tai]

동 묶다 명 넥타이

Tie the ribbon around your chocolate egg. 성취도
당신의 초콜릿 달걀 주위에 리본을 **묶으세요**.

---

328 scarf [skɑːrf]

명 스카프, 목도리

You'll need a long **scarf**.
당신은 긴 **스카프**가 필요할 거예요.

---

329 hat [hæt]

명 모자

You should wear a **hat** in the sun. 교과서
너는 햇빛에서 **모자**를 써야 한다.

---

330 belt [belt]

명 벨트, 허리띠

A **belt** is on the floor. 교과서
벨트가 바닥에 놓여 있다.

---

331 sock [sɑk]

명 양말 (한 쪽)

Your **socks** smelled terrible. 교과서
네 **양말** 냄새가 지독했다.

---

332 sweater [swétər]

명 스웨터

The **sweater** looks really lovely.
그 **스웨터**가 정말 사랑스러워 보인다.

---

333 jacket [dʒǽkit]

명 재킷, 반코트

You can try on this **jacket**. 교과서
당신은 이 **재킷**을 입어보셔도 됩니다.

(Communication)
334 shirt [ʃəːrt]

명 셔츠

I like the round neck T-**shirt**. 교과서
저는 목 부분이 둥근 티**셔츠**가 마음에 들어요.

💬 **Communication** 찾는 물건 말하기

A Can I help you?
(도와드릴까요?)
B Yes, please. I'm looking for a **shirt**.
(네. 저는 셔츠를 찾고 있어요.)

---

335 ring [riŋ]

(명) 고리, 반지

How about these animal key **rings**?

수능 이 동물 열쇠**고리**는 어때요?

336 purse [pəːrs]

(명) 지갑; 핸드백

I forgot to bring my **purse**.

나는 **지갑**을 가져오는 것을 잊어버렸다.

337 clothes [klouðz]

(명) 옷, 의복

Mom throws away my old **clothes**.

교과서 엄마는 내 헌 **옷**을 버린다.

(Voca Tip) 338 suit [suːt]

(명) 정장 (동) (의복 등이) 어울리다; ~에 맞다

I bought a new **suit** for an interview.

듣기 나는 면접을 위해 새 **정장**을 샀다.

» Blue suits you. 푸른색이 너에게 어울려.

Voca Tip clothes vs suit

clothes ☞ '의복'을 뜻하는 일반적인 말로, 상의·하의 등을 가리킴

suit ☞ '갖춘 옷' 즉, 남자는 코트, 조끼, 바지 등을, 여자는 코트, 스커트, 블라우스 등을 갖춰 입은 옷을 가리킴

339 fashion [fǽʃən]

(명) 패션, 유행

What's your favorite **fashion** magazine?

당신이 가장 좋아하는 **패션** 잡지는 무엇입니까?

340 style [stail]

(명) 스타일, 방식

I like your new hair **style**.

나는 당신의 새로운 머리 **스타일**이 마음에 듭니다.

341 design [dizáin]

(동) 디자인하다, 설계하다 (명) 디자인

She **designed** her mother's dress.

그녀는 어머니의 드레스를 **디자인했다**.

(숙어) 342 fit [fit]

(동) (의복 등이) 꼭 맞다, 어울리다 (형) 건강한

This suit doesn't **fit** me well. **교과서**

이 정장은 제게 잘 **맞지** 않습니다.

» keep fit 건강을 유지하다

숙어 fit in with: ~와 잘 어울리다[맞다]

• He doesn't seem to **fit in with** new members.
(그는 새로운 멤버들과 잘 어울리지 않는 것 같다.)

• Her ideas **fit in with** our goals.
(그녀의 아이디어는 우리의 목표에 잘 맞는다.)

343 pocket [pάkit]

(명) 주머니

Don't put anything in your **pocket**.

교과서 당신의 **주머니**에 아무것도 넣지 마세요.

344 button [bʌ́tn]

(명) 단추, 버튼 (동) 단추를 잠그다

A **button** of my coat come off.

내 외투의 **단추**가 떨어졌다.

345 uniform [júːnəfɔ̀ːrm]

(명) 교복, 제복, 유니폼

This is my school **uniform**. 교과서

이것은 나의 **교복**이다.

(Culture)
346 dress [dres]

(명) 드레스 (동) 옷[정장]을 입다

She is in the red **dress**. 교과서

그녀는 빨간 **드레스**를 입고 있다.

문화 Culture **dress? one-piece?**

드레스라고 하면 흔히 배우들이 시상식에 입고 가는 화려한 옷이 떠오르죠? 사실 우리가 원피스라고 부르는 상·하의가 붙어 있는 치마 형태의 의복을 영어로는 dress라고 한답니다. 원피스(one-piece)는 특정한 의복 형태가 아닌 '상·하의가 하나로 된'이라는 뜻이라는 점 기억하세요!

347 cotton [kάtn]

(명) 면화, 솜 (형) 면화의

Leisure time first started in the **cotton** industry. 수능

여가 시간은 **면화** 산업에서 맨 처음 시작되었다.

348 skirt [skəːrt]

(명) 치마

Do you have this **skirt** in a medium size? 듣기

이 **치마** 중간 사이즈로 있나요?

349 pants [pænts]

(명) 바지

He is wearing green **pants**. 교과서

그는 초록색 **바지**를 입고 있다.

학교시험
350 jeans [dʒiːnz]

(명) 청바지

She's looking for a pair of **jeans**. 교과서

그녀는 **청바지**를 찾고 있다.

학교시험 **복수형으로 쓰는 명사 1**

Q 괄호 안에 알맞은 것을 고르시오.

She likes to wear (a jean / jeans).

↳ 청바지는 항상 복수형으로 쓴다.

답 jeans

| 01 | _____ a sweater 스웨터를 입다 | wear | wear |

| 02 | _____ the ribbon 리본을 묶다 | tie | |

| 03 | a long _____ 긴 스카프 | scarf | |

| 04 | wear a _____ 모자를 쓰다 | hat | |

| 05 | a seat _____ 안전벨트 | belt | |

| 06 | take my _____s off 내 양말을 벗다 | sock | |

| 07 | a warm _____ 따뜻한 스웨터 | sweater | |

| 08 | try on a _____ 재킷을 입어보다 | jacket | |

| 09 | the round neck T-_____
목 부분이 둥근 티셔츠 | shirt | |

| 10 | an animal key _____ 동물 열쇠고리 | ring | |

| 11 | bring my _____ 내 지갑을 가져오다 | purse | |

| 12 | my old _____ 내 헌 옷 | clothes | |

| 13 | buy a new _____ 새 정장을 사다 | suit | |

14 a favorite _____ magazine 좋아하는 패션 잡지   fashion

15 new hair _____ 새로운 머리 스타일   style

16 _____ her mother's dress   design
그녀의 어머니의 드레스를 디자인하다

17 _____ me well 내게 잘 맞다   fit

18 put in a big _____ 커다란 주머니에 넣다   pocket

19 a _____ of my coat 내 외투의 단추   button

20 a school _____ 교복   uniform

21 be in the red _____ 빨간색 드레스를 입고 있다   dress

22 the _____ industry 면화 산업   cotton

23 a blue _____ 파란색 치마   skirt

24 wear green _____ 초록색 바지를 입다   pants

25 a pair of _____ 청바지 한 벌   jeans

			Check
326 **wear**	동 입다; 쓰다		
327 **tie**	동 묶다 명 넥타이		
328 **scarf**	명 스카프, 목도리		
329 **hat**	명 모자		
330 **belt**	명 벨트, 허리띠		
331 **sock**	명 양말 (한 쪽)		
332 **sweater**	명 스웨터		
333 **jacket**	명 재킷, 반코트		
334 **shirt**	명 셔츠		
335 **ring**	명 고리, 반지		
336 **purse**	명 지갑; 핸드백		
337 **clothes**	명 옷, 의복		
338 **suit**	명 정장 동 (의복 등이) 어울리다; ~에 맞다		

			Check
339 **fashion**	명 패션, 유행		
340 **style**	명 스타일, 방식		
341 **design**	동 디자인하다, 설계하다 명 디자인		
342 **fit**	동 (의복 등이) 꼭 맞다, 어울리다 형 건강한		
343 **pocket**	명 주머니		
344 **button**	명 단추, 버튼 동 단추를 잠그다		
345 **uniform**	명 교복, 제복, 유니폼		
346 **dress**	명 드레스 동 옷[정장]을 입다		
347 **cotton**	명 면화, 솜 형 면화의		
348 **skirt**	명 치마		
349 **pants**	명 바지		
350 **jeans**	명 청바지		

외우지 않은 단어가 있으면 미니 단어장에서 다시 한번 정리해 보세요.

DAY 15

일상·생활용품

📖 오늘 학습할 단어를 공부하고, 가리개를 사용해서 암기해 보세요.

---

351 hammer [hǽmər]

몡 망치 통 망치로 치다

She hit the nail with the **hammer**.

그녀는 **망치**로 못을 쳤다.

---

352 towel [táuəl]

몡 수건

Bring water and a **towel** in swimming class. 교과서

수영 수업에 물과 **수건** 한 장을 가지고 오세요.

---

353 camera [kǽmərə]

몡 카메라

Take pictures with my **camera**. 교과서

제 **카메라**로 사진을 찍으세요.

---

354 post [poust]

몡 우편 통 게시하다; 발송하다

I'll send your credit card to you by **post**. 교과서

당신의 신용 카드를 **우편**으로 보내드릴게요.

---

355 envelope [énvəlòup]

몡 봉투

No letter is in the **envelope**.

그 **봉투** 안에는 어떤 편지도 없다.

---

356 candle [kǽndl]

몡 양초

Put **candles** in a birthday cake. 교과서

생일 케이크에 **초**를 꽂으세요.

---

357 chopstick [tʃápstik]

몡 젓가락 (한 짝)

Koreans use **chopsticks** at meals.

한국인들은 식사 때 **젓가락**을 사용한다.

---

358 paper [péipər]

몡 종이; 신문; 과제물

They make **paper** from trees. 교과서

그들은 나무로 **종이**를 만든다.

▶ a term paper 학기말 과제물

(Communication)

359 trash [træʃ]

몡 쓰레기

There was **trash** all over the city park.

교과서 도시 공원 곳곳에 **쓰레기**가 있었다.

💬 **Communication** 금지하기

A You must not throw **trash** out in the river.
(강에 쓰레기를 버리면 안 됩니다.)

B Okay, I won't.
(네, 버리지 않겠습니다.)

360 bottle [bátl]

(명) 병

I throw a **bottle** in a trash can. 교과서

나는 쓰레기통에 **병**을 버린다.

361 bin [bin]

(명) 통; 쓰레기통

We made this **bin** together. 교과서

우리가 이 **통**을 함께 만들었다.

362 pot [pɑt]

(명) 냄비; 병

Put some chocolate in a **pot**. 교과서

냄비에 약간의 초콜릿을 넣으세요.

(Voca Tip)
363 vase [veis]

(명) 꽃병

There were old Korean **vases** in the museum. 교과서

박물관에는 오래된 한국의 **꽃병**들이 있었다.

364 blanket [blǽŋkit]

(명) 담요

It's the **blanket** with star patterns.

수능 이것은 별무늬가 있는 **담요**이다.

365 lamp [læmp]

(명) 등, 램프

I'm here to buy floor **lamps**. 수능

나는 바닥 **등**을 사러 여기에 왔다.

366 mirror [mírər]

(명) 거울

See the round **mirror** there. 수능

저기 둥근 **거울**을 보세요.

[숙어]
367 stick [stik]

(명) 막대기 (동) 붙이다; 찌르다

Make *yut* **sticks** with bamboo. 교과서

대나무로 윷 **막대기**를 만드세요.

▶ **stick** a stamp 우표를 붙이다

💡 **Voca Tip** bin vs pot vs vase

bin ☞ 뚜껑이 달린 저장용 통을 의미함

pot ☞ 요리나 음식 저장, 식물 재배에 이용하는 냄비, 통, 병을 모두 의미함

vase ☞ 꽃을 장식하거나 진열하는데 쓰는 병을 의미함

💡 숙어 **stick out**: 툭 튀어나오다, 눈에 잘 띄다

• Nails are **sticking out** here.
(여기 못들이 튀어나와 있다.)
• The red letters will **stick out**.
(그 빨간색 글씨는 눈에 잘 띌 것이다.)

368 plastic [plǽstik]

명 플라스틱 형 플라스틱으로 된
Put glass and **plastic** in the box. 교과서
상자에 병과 **플라스틱**을 넣으세요.

369 mobile [móubəl]

형 이동하기 쉬운 명 모빌
My dad bought me a new **mobile** phone.
나의 아빠가 나에게 새 **이동식** 전화(휴대폰)를 사주셨다.

370 laptop [lǽptàp]

명 휴대용 컴퓨터
My **laptop** isn't working now.
내 **휴대용 컴퓨터**가 지금 작동하지 않는다.

(Culture) 371 soap [soup]

명 비누
Wash your body with **soap**.
비누로 당신의 몸을 씻으세요.

문화 Culture soap opera? 비누 오페라?
TV나 라디오에서 연속극 형태로 방영되는 드라마를 soap opera라고 합니다. 예전에 큰 비누 회사가 라디오의 드라마 연속극 제작을 지원한 데서 유래되어 그 이후로 드라마 연속극을 soap opera라고 부르게 되었답니다.

372 stuff [stʌf]

명 물건
Can you move all **stuff** off the table?
식탁 위에 있는 모든 **물건**을 좀 치워줄래요?

373 umbrella [ʌmbrélə]

명 우산
He didn't bring an **umbrella**. 교과서
그는 **우산**을 가져오지 않았다.

374 frame [freim]

명 테; 틀, 뼈대
Look around and choose the glass **frames**. 듣기
둘러보고 안경**테**를 고르세요.

학교시험 375 glass [glæs]

명 (pl.) 안경; 유리
Russians prefer metal **glasses** because of the bad weather condition. 성취도
러시아 사람들은 악천후 때문에 금속 **안경**을 선호한다.
» **a sheet of glass** 유리 한 장

학교시험 복수형으로 쓰는 명사 2
Q 괄호 안에 알맞은 것을 고르시오.
You need to wear (a glass / glasses).
↳ 안경은 항상 glass의 복수형으로 쓴다.
답 glasses

01 hit the nail with the _____ 망치로 못을 치다   hammer   *hammer*

02 bring a _____ 수건 한 장을 가져오다   towel

03 take pictures with a _____   camera
카메라로 사진을 찍다

04 send it by _____ 우편으로 그것을 보내다   post

05 in the _____ 봉투에   envelope

06 put _____s in a cake 케이크에 초를 꽂다   candle

07 use _____s at meals 식사 때 젓가락을 사용하다   chopstick

08 make _____ from trees   paper
나무로 종이를 만들다

09 take out the _____ 쓰레기를 버리다   trash

10 throw a _____ 병을 버리다   bottle

11 make this _____ 이 통을 만들다   bin

12 chocolate in a _____ 냄비 속의 초콜릿   pot

13 old Korean _____s 오래된 한국의 꽃병들   vase

14 the _____ with star patterns

별무늬가 있는 담요

blanket

15 a floor _____   바닥 등

lamp

16 a round _____   둥근 거울

mirror

17 make *yut* _____s with bamboo

대나무로 윷 막대기를 만들다

stick

18 put _____ in the box   상자에 플라스틱을 넣다

plastic

19 a new _____ phone   새 이동식 전화(휴대폰)

mobile

20 my white _____   나의 흰색 휴대용 컴퓨터

laptop

21 wash your body with _____

비누로 당신의 몸을 씻다

soap

22 move all _____ off the table

식탁 위에 있는 모든 물건을 치우다

stuff

23 bring an _____   우산을 가져오다

umbrella

24 choose the glass _____s   안경테를 고르다

frame

25 a sheet of _____   유리 한 장

glass

		Check				Check
351 **hammer**	몡 망치 용 망치로 치다	☐	364 **blanket**	몡 담요	☐	
352 **towel**	몡 수건	☐	365 **lamp**	몡 등, 램프	☐	
353 **camera**	몡 카메라	☐	366 **mirror**	몡 거울	☐	
354 **post**	몡 우편 용 게시하다; 발송하다	☐	367 **stick**	몡 막대기 용 붙이다; 찌르다	☐	
355 **envelope**	몡 봉투	☐	368 **plastic**	몡 플라스틱 혱 플라스틱으로 된	☐	
356 **candle**	몡 양초	☐	369 **mobile**	혱 이동하기 쉬운 몡 모빌	☐	
357 **chopstick**	몡 젓가락 (한 짝)	☐	370 **laptop**	몡 휴대용 컴퓨터	☐	
358 **paper**	몡 종이; 신문; 과제물	☐	371 **soap**	몡 비누	☐	
359 **trash**	몡 쓰레기	☐	372 **stuff**	몡 물건	☐	
360 **bottle**	몡 병	☐	373 **umbrella**	몡 우산	☐	
361 **bin**	몡 통; 쓰레기통	☐	374 **frame**	몡 테; 틀, 뼈대	☐	
362 **pot**	몡 냄비; 병	☐	375 **glass**	몡 (pl.) 안경; 유리	☐	
363 **vase**	몡 꽃병	☐				

외우지 않은 단어가 있으면 미니 단어장에서 다시 한번 정리해 보세요.

DAY 16 쇼핑, 소비

📖 오늘 학습할 단어를 공부하고, 가리개를 사용해서 암기해 보세요.

---

376 shop [ʃɑp]

(명) 가게, 상점 (동) 쇼핑하다

I'll open the **shop** tomorrow. 성취도
나는 내일 **가게**를 열 것이다.

» go shopping 쇼핑을 가다

377 store [stɔːr]

(명) 가게, 상점; 저장고 (동) 저장하다

The shopping center has 50 **stores**.
교과서 그 쇼핑센터에는 50개의 **가게**가 있다.

» store data 데이터를 저장하다

378 market [máːrkit]

(명) 시장

Is there a good fish **market**? 교과서
좋은 수산 **시장**이 있나요?

379 list [list]

(명) 목록, 명단 (동) 목록을 작성하다

Let me check the book **list**. 듣기
제가 도서 **목록**을 점검해 보겠습니다.

380 brand [brænd]

(명) 상표, 브랜드

I saw the new **brand**. 수능
나는 그 새로운 **상표**를 봤다.

381 own [oun]

(형) 자신의 (동) 소유하다

She wants to design her **own** house.
교과서 그녀는 그녀 **자신의** 집을 설계하기를 원한다.

» own a car 차를 소유하다

382 coupon [kjúːpɑn]

(명) 쿠폰, 할인권; 응모권

You can use this **coupon**. 교과서
당신은 이 **쿠폰**을 사용할 수 있습니다.

383 sale [seil]

(명) (할인) 판매, 세일

We have big **sales** today. 교과서
우리는 오늘 큰 **할인 판매**를 한다.

(Communication)

384 discount [dískaunt, diskáunt]

(명) 할인 (동) 할인하다

You'll get 20 percent **discount**. 교과서
당신은 20% **할인**을 받을 것이다.

💬 **Communication** 할인 요청하기

A Can I get a discount?
(제가 **할인**을 받을 수 있을까요?)
B OK. I'll take 2 dollars off.
(네. 2달러 빼 드릴게요.)

³⁸⁵ **cheap** [tʃi:p]

⑧ (값·요금이) 싼

We found a **cheap** tent at the shop.

출처 우리는 가게에서 **값이 싼** 텐트를 찾았다.

³⁸⁶ **expensive** [ikspénsiv]

⑧ 비싼

Hamburgers are not **expensive**. 교과서

햄버거는 **비싸지** 않다.

³⁸⁷ **goods** [gudz]

⑨ 제품, 상품

He has many sporting **goods**.

그는 많은 스포츠 **제품**을 가지고 있다.

(Voca Tip)
³⁸⁸ **item** [áitem]

⑨ 물품; 항목

She brings a special **item** to school.

교과서 그녀는 학교에 특별한 **물품**을 가져온다.

³⁸⁹ **recycle** [ri:sáikl]

⑧ 재활용하다

We should always **recycle** things. 교과서

우리는 항상 물건들을 **재활용해야** 한다.

³⁹⁰ **choose** [tʃu:z]

⑧ 선택하다

Choose the meat and sauce. 교과서

고기와 소스를 **선택하세요**.

³⁹¹ **pay** [pei]

⑧ 지불하다

Pay $70 for the window. 교과서

창문 값으로 70달러를 **지불하세요**.

(숙어)
³⁹² **spend** [spend]

⑧ (돈을) 쓰다; (시간을) 보내다

They **spend** $50 on snacks. 교과서

그들은 간식에 50달러를 **쓴다**.

💡 **Voca Tip** goods vs item

goods ☞ 판매용으로 제작된 상품이나 제품
item ☞ 일상생활에서 볼 수 있는 일반적인 물품

✨ 숙어 spend (시간) -ing: ~하며 (시간 등을) 보내다

• He **spent** 3 years **building** his house.
　(그는 자신의 집을 **지으며** 3년을 **보냈다**.)
• I **spent** 1 hour **doing** my homework.
　(나는 숙제를 **하며** 1시간을 **보냈다**.)

393 **price** [prais]

(명) 가격

It's the best **price** online. 교과서

이것은 온라인에서 가장 좋은 **가격**이다.

394 **money** [mʌ́ni]

(명) 돈

She uses her **money** wisely.

그녀는 자신의 **돈**을 지혜롭게 사용한다.

395 **coin** [kɔin]

(명) 동전

That's 10 **coins** all together. 교과서

그것은 모두 합쳐서 **동전** 10개이다.

(Culture) 396 **bill** [bil]

(명) 지폐; 청구서

There are pictures on **bills**. 교과서

지폐에는 그림이 있다.

문화 Culture bill? note?

천 원, 오천 원, 만 원, 오만 원처럼 종이로 된 돈을 지폐라고 하죠. 그렇다면 지폐를 영어로 뭐라고 할까요? 미국에서는 bill이라고 하고, 영국에서는 note나 banknote라고 한답니다. 영국에서는 계산서를 bill이라고 하니 잘 알아두세요.

397 **waste** [weist]

(명) 낭비 (동) 낭비하다

What a **waste** of time! 수능

얼마나 시간 **낭비**인가!

398 **save** [seiv]

(동) 저축하다; 구조하다; 지키다

Always **save** your pocket money. 교과서

항상 너의 용돈을 **저축해라**.

» save one's life ~의 목숨을 구하다

399 **sell** [sel]

(동) 팔다

I'll **sell** my book for 5 dollars. 교과서

나는 내 책을 5달러에 **팔** 것이다.

학교시험 400 **take** [teik]

(동) 사다; 가지고 가다; ~을 타다; (사진) 찍다

I'll **take** the cheap jacket. 교과서

저는 그 싼 재킷을 **살게요**.

» take a picture 사진을 찍다

학교시험 take의 다양한 의미

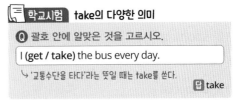

Q 괄호 안에 알맞은 것을 고르시오.

I (get / take) the bus every day.

↳ '교통수단을 타다'라는 뜻일 때는 take를 쓴다.

take

Use Words

빈칸을 채우며 단어를 외우고, 쓰면서 한 번 더 익히세요.

01 open the _____ 가게를 열다 | shop _____ shop

02 a bike _____ 자전거 가게 | store _____

03 a good fish _____ 좋은 수산 시장 | market _____

04 check the book _____ 도서 목록을 점검하다 | list _____

05 the new _____ 새로운 상표 | brand _____

06 design her _____ house 그녀 자신의 집을 설계하다 | own _____

07 use this _____ 이 쿠폰을 사용하다 | coupon _____

08 have big _____s 큰 할인 판매를 하다 | sale _____

09 get a _____ 할인을 받다 | discount _____

10 find a _____ tent 값이 싼 텐트를 찾다 | cheap _____

11 the most _____ restaurant 가장 비싼 식당 | expensive _____

12 sporting _____ 스포츠 제품 | goods _____

13 a special _____ 특별한 물품 | item _____

14 _____ the paper 종이를 재활용하다 recycle

15 _____ the sauce 소스를 고르다 choose

16 _____ for the lesson 수업료를 지불하다 pay

17 _____ $50 on snacks 간식에 50달러를 쓰다 spend

18 the best _____ 가장 좋은 가격 price

19 use her _____ wisely
그녀의 돈을 지혜롭게 사용하다 money

20 toss a _____ 동전을 던지다 coin

21 a ten-dollar _____ 10달러 지폐 bill

22 a _____ of time 시간 낭비 waste

23 _____ your pocket money
네 용돈을 저축하다 save

24 _____ a book 책을 팔다 sell

25 _____ the cheap jacket 그 싼 재킷을 사다 take

DAY 16

쇼핑, 소비

3-Minute Check

오늘 학습한 단어와 뜻을
최종적으로 암기했는지 확인하세요!

		Check
376 **shop**	[명] 가게, 상점 [동] 쇼핑하다	☐
377 **store**	[명] 가게, 상점; 저장고 [동] 저장하다	☐
378 **market**	[명] 시장	☐
379 **list**	[명] 목록, 명단 [동] 목록을 작성하다	☐
380 **brand**	[명] 상표, 브랜드	☐
381 **own**	[형] 자신의 [동] 소유하다	☐
382 **coupon**	[명] 쿠폰, 할인권; 응모권	☐
383 **sale**	[명] (할인) 판매, 세일	☐
384 **discount**	[명] 할인 [동] 할인하다	☐
385 **cheap**	[형] (값·요금이) 싼	☐
386 **expensive**	[형] 비싼	☐
387 **goods**	[명] 제품, 상품	☐
388 **item**	[명] 물품; 항목	☐

		Check
389 **recycle**	[동] 재활용하다	☐
390 **choose**	[동] 선택하다	☐
391 **pay**	[동] 지불하다	☐
392 **spend**	[동] (돈을) 쓰다; (시간을) 보내다	☐
393 **price**	[명] 가격	☐
394 **money**	[명] 돈	☐
395 **coin**	[명] 동전	☐
396 **bill**	[명] 지폐; 청구서	☐
397 **waste**	[명] 낭비 [동] 낭비하다	☐
398 **save**	[동] 저축하다; 구조하다; 지키다	☐
399 **sell**	[동] 팔다	☐
400 **take**	[동] 사다; 가지고 가다; ~을 타다; (사진) 찍다	☐

외우지 않은 단어가 있으면 미니 단어장에서 다시 한번 정리해 보세요.

Wrap Up

A 영어는 우리말로, 우리말은 영어로 쓰시오.

01 dessert _____ 16 청바지 _____

02 post _____ 17 즙이 많은 _____

03 spend _____ 18 비싼 _____

04 mix _____ 19 끓다, 끓이다 _____

05 mobile _____ 20 지폐; 청구서 _____

06 item _____ 21 부엌 _____

07 delicious _____ 22 지갑; 핸드백 _____

08 stuff _____ 23 담요 _____

09 plate _____ 24 양초 _____

10 bin _____ 25 교복, 제복 _____

11 peel _____ 26 봉투 _____

12 fit _____ 27 면화, 솜; 면화의 _____

13 order _____ 28 재활용하다 _____

14 own _____ 29 스카프, 목도리 _____

15 trash _____ 30 동전 _____

B 우리말과 일치하도록 빈칸에 알맞은 단어를 쓰시오.

01 값이 싼 텐트를 찾다   find a _____ tent

02 시간 낭비   a _____ of time

03 우산을 가져오다   bring an _____

04 상자에 플라스틱을 넣다   put _____ in the box

05 그녀의 어머니의 드레스를 디자인하다   _____ her mother's dress

06 스웨터를 입다   _____ a sweater

07 치즈를 얇게 자르다   _____ the cheese

08 배고픈 아이들을 위해 일하다   work for _____ children

C 밑줄 친 부분에 해당하는 우리말 해석을 찾아 밑줄을 치시오.

01 You should finish your <u>meal</u> first.
     ⇨ 당신은 식사 먼저 끝내야 한다.

02 Don't put anything in your <u>pocket</u>.
     ⇨ 당신의 주머니에 아무것도 넣지 마세요.

03 Make *yut* <u>sticks</u> with bamboo.
     ⇨ 대나무로 윷 막대기를 만드세요.

04 You'll get 20 percent <u>discount</u>.
     ⇨ 당신은 20% 할인을 받을 것이다.

교과서 필수 단어 확인하기

01 오감을 나타내는 단어가 <u>아닌</u> 것은? 🔗 DAY 09, 10

① touch   ② hear   ③ express

④ smell   ⑤ taste

02 밑줄 친 단어와 <u>반대</u> 의미인 것은? 🔗 DAY 09

> We'll do our best until we find an <u>answer</u>.

① chat   ② advice   ③ speech

④ promise   ⑤ question

03 빈칸에 공통으로 들어가기에 알맞은 것은? 🔗 DAY 16

> • I _____ my camera to New York.
> • I _____ the subway every morning.
> • I often _____ a picture against the light.

① pay   ② take   ③ waste

④ spend   ⑤ choose

04 밑줄 친 부분의 쓰임이 <u>어색한</u> 것은? 🔗 DAY 11, 12, 14, 15

① He <u>wears glasses</u> for driving.

② How often do you <u>go to church</u>?

③ You <u>fit in with</u> the rest of the team.

④ I bought <u>a pair of jean</u> for 5 dollars.

⑤ I drink <u>a cup of tea</u> in the morning.

☑ ANSWERS p.269

[05-06] 빈칸에 들어갈 말로 알맞은 것을 고르시오. 🔗 DAY 9, 10, 13, 16

05

The heat turned the cheese _____.

① sour   ② loud   ③ rough

④ noisy   ⑤ thirsty

06

The meat was very soft and _____.

① own   ② mean   ③ juicy

④ hungry   ⑤ steam

07 우리말과 일치하도록 빈칸에 공통으로 들어갈 단어를 쓰시오. 🔗 DAY 11

- 나는 탁자 위에 차 한 잔을 둔다.
  → I _____ a cup of tea on the table.
- 이곳은 휴가를 위한 완벽한 장소이다.
  → This is a perfect _____ for a holiday.

_____

08 우리말과 일치하도록 괄호 안에 단어를 이용하여 문장을 완성하시오. 🔗 DAY 13

나는 항상 그녀와 그녀의 여동생을 헷갈린다. (mix, sister, with, up)

→ I always _____.

수능형 유형 확인하기

| 심경·분위기 파악하기 |

수능 19번 유형

글쓴이나 등장인물의 심경 또는 글의 분위기를 파악하는 유형으로, 짧은 이야기나 수필 형태의 글이 주로 출제돼요. 감정 표현과 관련된 어휘들을 미리 익혀 두는 것이 좋아요!

다음 글에 드러난 'I'의 심경으로 가장 적절한 것은? (기출 변형)

One day I **caught** a taxi to work. I **found** a brand-new cell phone on the back seat. I asked the driver, "Where did you **drop** the last **person off**?" and I **showed** him the phone. He **pointed** at a girl walking up the street. We drove up to her. I **rolled down** the window and told her about her cell phone. She was very thankful. When I saw her face, I could tell how grateful she was. Her **smile** made me **smile** and **feel** really good inside. After she got the phone back, I **heard someone** walking past her say, 'Today's your **lucky** day!

① angry   ② bored   ③ scared

④ pleased   ⑤ regretful

✅ **Word Check**   윗글에서 그동안 학습한 단어를 확인하고 각각의 우리말 뜻을 쓰시오.

catch	_____	find	_____
drop ~ off	_____	person	_____
show	_____	point	_____
roll down	_____	smile	_____
feel	_____	hear	_____
someone	_____	lucky	_____

📋 **New Words**

brand-new	(형) 완전 새것의	driver	(명) 운전사
window	(명) 창문	thankful	(형) 고마워하는
grateful	(형) 감사해하는	past	(전) ~을 지나서

| 실용문 정보 파악하기 |

수능 27번 유형

안내문, 광고문과 같은 실용문을 읽고 내용을 정확히 이해했는지 묻는 유형으로, 보통 선택지의 내용은 본문 순서대로 나오니 선택지를 먼저 읽어 본 다음 본문과 선택지를 대조하며 정보를 찾아봐요!

Yoyo 만들기에 관한 다음 안내문의 내용과 일치하지 <u>않는</u> 것은? 기출 변형

How to Make Your **Own** Yoyo

◈ What you **need**:
- 2 **plastic bottle** caps
- 1 meter long thread
- scissors
- 1 screw
- a piece of **paper**
- glue

◈ What to do:
1. **Push** the screw through the center of one cap from inside to outside.
2. **Tie** the thread to the middle of the screw.
3. Connect the cap to the outside of the other cap with the screw.
4. **Leave** a narrow **space** for the thread in between the caps.
5. Cut a piece of **paper** into two pieces.
6. Glue them to both sides of your new yoyo.

① 나사를 병뚜껑 중앙의 안쪽에서 바깥쪽으로 밀어 넣는다.
② 1미터 길이의 실을 나사의 중앙에 묶는다.
③ 병뚜껑과 다른 병뚜껑의 바깥쪽을 나사로 연결한다.
④ 두 병뚜껑 사이에 실을 위한 좁은 공간을 남긴다.
⑤ 새로운 요요의 한쪽 면에 종이를 잘라 붙인다.

☑ Word Check

윗글에서 그동안 학습한 단어를 확인하고 각각의 우리말 뜻을 쓰시오.

own	_____	need	_____	plastic	_____
bottle	_____	paper	_____	push	_____
tie	_____	leave	_____	space	_____

🗏 New Words

cap	명 뚜껑	screw	명 나사
thread	명 실	through	전 ~을 통해

DAY 17 인간관계

오늘 학습할 단어를 공부하고, 가리개를 사용해서 암기해 보세요.

401 relationship [riléiʃənʃip]

(명) 관계

He has a close **relationship** with me.

수능 그는 나와 친밀한 **관계**이다.

402 neighbor [néibər]

(명) 이웃 (사람) (동) 이웃하다

She walks her **neighbor**'s dog. **교과서**

그녀는 **이웃**의 개를 산책시킨다.

403 club [klʌb]

(명) 동아리, 동호회

I'm in a volunteer **club**. **교과서**

나는 봉사 **동아리** 소속이다.

404 member [mémbər]

(명) 단원, 구성원

I'm a new **member** of the dance club.

교과서 나는 춤 동아리의 새로운 **단원**이다.

405 group [gru:p]

(명) 무리 (동) 무리를 짓다; 분류하다

You have the smallest hands in our **group**. **교과서**

너는 우리 **무리** 중 가장 작은 손을 가지고 있다.

406 dear [diər]

(형) 소중한; 친애하는

She is my **dear** friend.

그녀는 나의 **소중한** 친구이다.

407 social [sóuʃəl]

(형) 사회적인; 사교적인

Man is a **social** animal.

인간은 **사회적인** 동물이다.

▶▶ a **social** club 사교 클럽

408 help [help]

(명) 도움 (동) 돕다

He was crying for **help**. **교과서**

그는 **도움**을 달라고 울부짖고 있었다.

(Communication)

409 favor [féivər]

(명) 호의, 친절; 부탁

I really need your **favor**.

저는 당신의 **호의**가 정말 필요합니다.

Communication 부탁하기

A Can you do me a favor? I need to fix my computer.

(제 **부탁** 좀 들어주시겠어요? 전 컴퓨터를 고쳐야 해요.)

B No problem.

(물론이죠.)

410 **classmate** [klǽsmèit]

명 반 친구

Here are my friendly **classmates**. 교과서

여기 나의 친절한 **반 친구**들이 있다.

411 **partner** [pɑ́ːrtnər]

명 짝, 동료

My **partner** likes playing soccer. 교과서

내 **짝**은 축구하는 것을 좋아한다.

412 **fellow** [félou]

명 동료, 녀석

My **fellow** teachers are nice.

내 **동료** 선생님들은 친절하다.

(Voca Tip)
413 **peer** [piər]

명 또래, 동료

Children need their **peer** group.

아이들은 **또래** 집단이 필요하다.

414 **nickname** [níknèim]

명 별명

Your **nickname** sounds really fun. 교과서

네 **별명**은 정말 재밌다.

415 **secret** [síːkrit]

명 비밀

I can't tell you my **secrets**. 수능

나는 너에게 내 **비밀**을 말할 수 없다.

416 **message** [mésidʒ]

명 메시지; 교훈

The report has a clear **message**. 교과서

그 보도는 명확한 **메시지**가 있다.

(숙어)
417 **harmony** [hɑ́ːrməni]

명 조화

They swim in perfect **harmony**.

그들은 완벽한 **조화**를 이루며 수영한다.

Voca Tip partner vs fellow vs peer

partner ☞ 사업 등을 함께 하는 '동업자'나 '동료'의 의미
fellow ☞ 친근한 호칭으로 부르는 '동료'의 의미
peer ☞ 나이나 신분이 같거나 비슷한 '또래' 또는 '동료'라는
　　　　의미

숙어 in harmony with: ~와 조화를 이루어

• My grandparents lived **in harmony with** each other.
(나의 조부모님은 서로 조화를 이루며 사셨다.)
• We need to be **in harmony with** our nature.
(우리는 자연과 조화를 이룰 필요가 있다.)

418 **fight** [fait]

(명) 싸움 (동) 싸우다

I had a **fight** with my brother. 교과서

나는 남동생과 **싸움**을 했다.

419 **enemy** [énəmi]

(명) 적

He has an **enemy** everywhere.

그는 어디에나 **적**이 있다.

420 **elder** [éldər]

(형) 손위의; 나이가 더 많은

I have an **elder** sister.

나는 언니[손위 자매]가 한 명 있다.

(Culture)
421 **senior** [síːnjər]

(명) 졸업반 학생; 연장자 (형) 고위의

He is a college **senior**.

그는 대학 **졸업반 학생**이다.

▶ a senior officer 고위 장교

🏫 Culture senior는 3학년? 4학년?

미국의 학제는 한국과는 달리 각 주마다 초등학교, 중학교, 고등학교 학제가 달라요. 그리고 각 학년을 부르는 단어가 존재하는데요. 고등학교 또는 대학교 1학년은 freshman, 2학년은 sophomore, 3학년은 junior, 4학년 즉, 졸업은 senior라고 부른답니다.

422 **matter** [mǽtər]

(명) 문제 (동) 중요하다

What's the **matter** with you? 성취도

도대체 너는 **문제**가 뭐야?

▶ It doesn't matter. 그것은 중요하지 않다.

423 **share** [ʃɛər]

(동) 나누다; 공유하다

We **share** opinions about the book.
교과서 우리는 그 책에 대한 의견을 **나눈다**.

▶ share a house 집을 공유하다

424 **together** [təɡéðər]

(부) 함께

Let's talk about it **together**. 교과서

그것에 대해 **함께** 이야기해 보자.

학교시험
425 **friendship** [fréndʃip]

(명) 우정

Don't let this end our **friendship**. 수능

이것으로 우리의 **우정**이 끝나게 하지 마세요.

📝 학교시험 셀 수 없는 명사의 수 일치

Q 괄호 안에 알맞은 것을 고르시오.

Their friendship **(is / are)** really important to them.

↳ friendship은 셀 수 없는 명사로 단수 취급한다.

 답 is

Use Words

빈칸을 채우며 단어를 외우고, 쓰면서 한 번 더 익히세요.

01 a close _____ 친밀한 관계

relationship relationship

02 walk a _____'s dog 이웃의 개를 산책시키다

neighbor

03 a volunteer _____ 봉사 동아리

club

04 a new _____ of the dance club
춤 동아리의 새로운 단원

member

05 a _____ of firefighters 한 무리의 소방관들

group

06 my _____ friend 나의 소중한 친구

dear

07 a _____ animal 사회적인 동물

social

08 cry for _____ 도움을 달라고 울부짖다

help

09 need your _____ 당신의 호의가 필요하다

favor

10 my friendly _____s 나의 친절한 반 친구들

classmate

11 bring your _____ 네 짝을 데려오다

partner

12 my _____ teachers 내 동료 선생님들

fellow

13 need a _____ group 또래 집단이 필요하다

peer

14 give a _____ 별명을 붙이다   nickname

15 tell you my _____s 네게 내 비밀들을 말하다   secret

16 a clear _____ 명확한 메시지   message

17 swim in perfect _____
완벽한 조화를 이루며 수영하다   harmony

18 have a _____ 싸움을 하다   fight

19 have an _____ everywhere
어디에나 적이 있다   enemy

20 an _____ sister 손위 자매   elder

21 a college _____ 대학 졸업반 학생   senior

22 a private _____ 사적인 문제   matter

23 _____ opinions 의견을 나누다   share

24 talk about it _____
그것에 대해 함께 이야기하다   together

25 end our _____ 우리의 우정이 끝나다   friendship

		Check
401 **relationship**	명 관계	☐
402 **neighbor**	명 이웃 (사람) 동 이웃하다	☐
403 **club**	명 동아리, 동호회	☐
404 **member**	명 단원, 구성원	☐
405 **group**	명 무리 동 무리를 짓다; 분류하다	☐
406 **dear**	형 소중한; 친애하는	☐
407 **social**	형 사회적인; 사교적인	☐
408 **help**	명 도움 동 돕다	☐
409 **favor**	명 호의, 친절; 부탁	☐
410 **classmate**	명 반 친구	☐
411 **partner**	명 짝, 동료	☐
412 **fellow**	명 동료, 녀석	☐
413 **peer**	명 또래, 동료	☐

		Check
414 **nickname**	명 별명	☐
415 **secret**	명 비밀	☐
416 **message**	명 메시지; 교훈	☐
417 **harmony**	명 조화	☐
418 **fight**	명 싸움 동 싸우다	☐
419 **enemy**	명 적	☐
420 **elder**	형 손위의; 나이가 더 많은	☐
421 **senior**	명 졸업반 학생; 연장자 형 고위의	☐
422 **matter**	명 문제 동 중요하다	☐
423 **share**	동 나누다; 공유하다	☐
424 **together**	부 함께	☐
425 **friendship**	명 우정	☐

외우지 않은 단어가 있으면 미니 단어장에서 다시 한번 정리해 보세요.

학교, 교육

📖 오늘 학습할 단어를 공부하고, 가리개를 사용해서 암기해 보세요.

---

426 homework [hóumwə̀ːrk]

(명) 숙제

She is doing her **homework**. 교과서

그녀는 **숙제**하는 중이다.

---

427 problem [prábləm]

(명) 문제

I have a big **problem**. 성취도

나에게 큰 **문제**가 있다.

---

428 quiz [kwiz]

(명) 퀴즈

Let's take a fun **quiz**. 교과서

재미있는 **퀴즈**를 풀어봅시다.

---

429 solve [sɑlv]

(동) 풀다, 해결하다

You can **solve** this question. 교과서

너는 이 문제를 **풀** 수 있다.

---

430 easy [íːzi]

(형) 쉬운

Making friends is not **easy** for me. 교과서

나에게 친구 사귀는 것은 **쉽지** 않다.

---

431 text [tekst]

(명) 본문; 글

She reads the main **text**. 교과서

그녀는 **본문**을 읽는다.

---

432 mathematics [mæ̀θəmǽtiks]

(명) 수학(= math)

I'm very good at **mathematics**. 교과서

나는 **수학**을 정말 잘한다.

---

433 science [sáiəns]

(명) 과학

Science is more difficult than English for her.

그녀에게 **과학**은 영어보다 더 어렵다.

(Communication)

434 subject [sʌ́bdʒikt]

(명) 과목; 주제

My favorite **subject** is science. 교과서

내가 가장 좋아하는 **과목**은 과학이다.

▶ a subject of conversation 대화의 주제

💬 **Communication** 좋아하는 과목 묻고 답하기

A What is your favorite **subject**?
(가장 좋아하는 과목이 무엇입니까?)

B I like English.
(저는 영어를 좋아해요.)

---

435 master [mǽstər]

(동) ~을 완전히 익히다 (명) 달인

My mom **mastered** five languages.
엄마는 5개 언어를 **완전히 익히셨다.**

436 level [lével]

(명) 수준; 높이; 정도

What's your English speaking **level**?
성취도 당신의 영어 말하기 **수준**은 어떤가요?

» **the level of water** 물의 높이, 수위

437 lesson [lésən]

(명) 수업; 교훈

I have a piano **lesson** today. **교과서**
나는 오늘 피아노 **수업**이 있다.

» **a huge lesson** 굉장한 교훈

Voca Tip
438 course [kɔːrs]

(명) 강의, 강좌

It is a book for my English **course**. **수능**
이것은 내 영어 **강의**를 위한 책이다.

439 learn [ləːrn]

(동) 배우다

I want to **learn** Chinese. **수능**
나는 중국어를 **배우고** 싶다.

440 study [stʌ́di]

(동) 공부하다 (명) 공부

She went to college to **study** law. **교과서**
그녀는 법을 **공부하기** 위해 대학에 갔다.

» **continue one's study** 공부[학업]를 계속하다

441 teach [tiːtʃ]

(동) 가르치다

This story **teaches** us a lesson. **교과서**
이 이야기는 우리에게 교훈을 **가르친다.**

[숙어]
442 word [wəːrd]

(명) 단어, 말

Let's read this **word** card. **교과서**
이 **단어** 카드를 읽어 봅시다.

💡 **Voca Tip** lesson **vs** course

lesson ☞ 학습의 최소 단위 즉, 특정 과목의 수업 중 한 번
　　　　의 수업을 나타냄
course ☞ 일정한 목적에 맞게 설계된 특정 과목에 대한
　　　　일련의 강의나 강좌를 나타냄

 숙어 have a word with: ~와 잠깐 이야기를 하다

• Can I **have a word with** you?
　(당신과 잠깐 이야기를 할 수 있나요?)
• I should **have a word with** my dad.
　(아빠와 잠깐 이야기를 해야겠다.)

443 dictionary [díkʃənèri]

(명) 사전

I look up new words in the **dictionary**.
수능 나는 **사전**에서 새 단어를 찾아본다.

444 review [rivjú:]

(동) 복습하다; 검토하다 (명) 복습; 검토

I should **review** my notes. 교과서
나는 필기를 **복습해야** 한다.

» **under review** 검토 중인

445 goal [goul]

(명) 목표; 득점

My **goal** is writing English well.
내 **목표**는 영어로 잘 쓰기이다.

» **the first goal chance** 첫 번째 득점 기회

Culture
446 graduate [grǽdʒuèit, grǽdʒuit]

(동) 졸업하다 (명) 졸업자

What year did she **graduate**?
그녀는 몇 년도에 **졸업했니**?

문화 Culture graduate? leave?

'졸업하다'라는 의미의 graduate은 미국에서는 대학 이외의 각종 학교에서도 쓰이지만, 영국에서는 학위를 취득하는 대학 졸업인 경우에만 씁니다. 영국에서는 '(중·고등학교를) 졸업하다'라고 말할 때에는 동사 leave (school)를 쓸 수 있답니다.

447 exam [igzǽm]

(명) 시험

Give me my **exam** paper.
제 **시험**지를 주세요.

448 test [test]

(명) 시험 (동) 시험하다; 검사하다

I got 10 points on the math **test**. 교과서
나는 수학 **시험**에서 10점을 받았다.

» **test one's English** ~의 영어 실력을 시험하다

449 grade [greid]

(명) 학년; 성적 (동) 성적을 주다

I am in sixth **grade**. 교과서
나는 6**학년**이다.

» **get a good grade** 좋은 성적을 받다

학교시험
450 major [méidʒər]

(명) 전공 (동) 전공하다 (형) 주요한

Her **major** is history in college.
그녀는 대학에서 역사를 **전공**한다.

» **major changes** 주요한 변화들

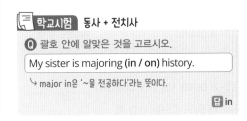

학교시험 동사 + 전치사

Q 괄호 안에 알맞은 것을 고르시오.

My sister is majoring (in / on) history.

↳ major in은 '~을 전공하다'라는 뜻이다.

답 in

학교, 교육
Use Words

빈칸을 채우며 단어를 외우고, 쓰면서 한 번 더 익히세요.

01 do her _____ 그녀의 숙제를 하다

homework   homework

02 a big _____ 큰 문제

problem

03 take a fun _____ 재미있는 퀴즈를 풀다

quiz

04 _____ this question 이 문제를 풀다

solve

05 an _____ target 쉬운 대상

easy

06 read the main _____ 본문을 읽다

text

07 be good at _____ 수학을 잘하다

mathematics

08 a _____ book 과학책

science

09 my favorite _____ 내가 가장 좋아하는 과목

subject

10 _____ five languages 5개 언어를 완전히 익히다

master

11 English speaking _____ 영어 말하기 수준

level

12 a piano _____ 피아노 수업

lesson

13 a book for my English _____
내 영어 강의를 위한 책

course

14 _____ Chinese 중국어를 배우다　　learn

15 _____ law 법을 공부하다　　study

16 _____ us a lesson 우리에게 교훈을 가르치다　　teach

17 read a _____ card 단어 카드를 읽다　　word

18 words in the _____
사전에 있는 단어들　　dictionary

19 _____ my notes 내 필기를 복습하다　　review

20 achieve a _____ 목표를 달성하다　　goal

21 _____ from school 학교를 졸업하다　　graduate

22 my _____ paper 내 시험지　　exam

23 the math _____ 수학 시험　　test

24 be in sixth _____ 6학년이다　　grade

25 _____ in history 역사를 전공하다　　major

DAY 18

학교, 교육

3-Minute Check

오늘 학습한 단어와 뜻을
최종적으로 암기했는지 확인하세요!

		Check
426 **homework**	몡 숙제	☐
427 **problem**	몡 문제	☐
428 **quiz**	몡 퀴즈	☐
429 **solve**	동 풀다, 해결하다	☐
430 **easy**	형 쉬운	☐
431 **text**	몡 본문; 글	☐
432 **mathematics**	몡 수학	☐
433 **science**	몡 과학	☐
434 **subject**	몡 과목; 주제	☐
435 **master**	동 ~을 완전히 익히다 몡 달인	☐
436 **level**	몡 수준; 높이; 정도	☐
437 **lesson**	몡 수업; 교훈	☐
438 **course**	몡 강의, 강좌	☐

		Check
439 **learn**	동 배우다	☐
440 **study**	동 공부하다 몡 공부	☐
441 **teach**	동 가르치다	☐
442 **word**	몡 단어, 말	☐
443 **dictionary**	몡 사전	☐
444 **review**	동 복습하다; 검토하다 몡 복습; 검토	☐
445 **goal**	몡 목표; 득점	☐
446 **graduate**	동 졸업하다 몡 졸업자	☐
447 **exam**	몡 시험	☐
448 **test**	몡 시험 동 시험하다; 검사하다	☐
449 **grade**	몡 학년; 성적 동 성적을 주다	☐
450 **major**	몡 전공 동 전공하다 형 주요한	☐

외우지 않은 단어가 있으면 **MINI 단어장**에서 다시 한번 정리해 보세요.

DAY 19

교통, 교통수단

📖 오늘 학습할 단어를 공부하고, 가리개를 사용해서 암기해 보세요.

---

451 **traffic** [trǽfik]

명 교통

The **traffic** is heavy now. 듣기

지금은 **교통**이 혼잡하다.

---

452 **bridge** [bridʒ]

명 다리

There are three **bridges** here. 교과서

이곳에는 3개의 **다리**가 있다.

---

453 **cross** [krɔ(ː)s]

동 (가로질러) 건너다

Little children can **cross** the street here. 교과서

어린 아이들은 이곳의 도로를 **건널** 수 있다.

---

454 **drive** [draiv]

동 운전하다

You had better **drive** a car slowly. 듣기

당신은 차를 천천히 **운전하는** 것이 더 낫다.

---

455 **ride** [raid]

동 (말·차량 등을) 타다 명 타기

Ride a horse along the river. 수능

강을 따라 말을 **타세요**.

---

456 **fare** [fɛər]

명 (교통) 요금

How much is the bus **fare**?

버스 **요금**은 얼마인가요?

---

457 **gas** [gæs]

명 휘발유; 기체, 가스

There is a **gas** station near here.

이 근처에 주유소가 있다.

➤➤ a **gas** pipe 가스관

---

458 **sign** [sain]

명 표지판; 신호 동 서명하다

Look at the yellow **sign**. 교과서

저 노란색 **표지판**을 보세요.

➤➤ **sign** one's name 서명하다

(Communication)

459 **wait** [weit]

동 기다리다

Many children **wait** for presents at Christmas. 교과서

많은 아이들은 크리스마스에 선물을 **기다린다**.

💬 Communication 기대 표현하기

A How about playing the new computer game?
(그 새로운 컴퓨터 게임을 해 보는 게 어때?)

B Good idea. I can't **wait** to play it.
(좋은 생각이야. 그것을 정말 해보고 싶어.)

460 shortcut [ʃɔ́ːrtkʌ̀t]

(명) 지름길

No one knows the **shortcut**.

아무도 그 **지름길**을 모른다.

461 path [pæθ]

(명) 길

Walk up the **path** to the fall. 수능

폭포 쪽으로 향하는 그 **길**을 걸어 올라가세요.

462 road [roud]

(명) 도로

It's the **road** to the village. 교과서

그것이 그 마을로 가는 **도로**이다.

(Voca Tip)
463 street [striːt]

(명) 도로, 거리

What **street** are you on? 교과서

당신은 어느 **도로** 위에 있습니까?

💡 **Voca Tip** path vs road vs street

path ☞ 사람들이 지나다녀서 생긴 길을 의미
road ☞ 건물들이 한쪽, 양쪽에 있는 도시의 공공도로를 의미
street ☞ 차를 위해 만들어진 단단한 도로로, 모든 길과 도
　　　　로를 포괄적으로 의미

464 bicycle [báisikl]

(명) 자전거

My father will buy me a **bicycle**. 교과서

아빠는 내게 **자전거**를 사 주실 것이다.

465 truck [trʌk]

(명) 트럭

Many food **trucks** come to the park.

교과서 많은 푸드 **트럭**이 공원에 온다.

466 train [trein]

(명) 기차, 열차 (동) 교육시키다

I'm on a **train** to Busan. 교과서

나는 부산으로 가는 **기차**에 있다.

» train one's mind ~의 마음을 연마하다

(숙어)
467 subway [sʌ́bwèi]

(명) 지하철

You should take the **subway** right
now. 교과서

당신은 지금 당장 **지하철**을 타야 한다.

✦ 숙어 by + 교통수단: ~을 타고

• I go to school **by subway**.
　(나는 **지하철을 타고** 학교에 간다.)
• She arrived in Hawaii **by airplane**.
　(그녀는 **비행기를 타고** 하와이에 도착했다.)

468 airplane [ɛ́ərplèin]

⠀⠀⠀(명) 비행기

She wants to fly **airplanes**. 교과서

그녀는 **비행기**를 날리고 싶어 한다.

469 rail [reil]

⠀⠀⠀(명) 기차; 레일

Enjoy **rail** trips in Europe.

유럽에서 **기차** 여행을 즐기세요.

470 station [stéiʃən]

⠀⠀⠀(명) 정류장, 역

The bus **station** is too far. 교과서

그 버스 **정류장**은 너무 멀다.

(Culture)
471 block [blɑk]

⠀⠀⠀(명) 블록, 구역 (동) 막다

Go straight two **blocks** and turn right.

성취도 두 **블록** 직진해서 오른쪽으로 도세요.

▶ **block one's path** ~의 길을 막다

문화 Culture 영국의 도시에는 block이 없다?

미국의 도시들은 도로가 격자무늬처럼 되어 있죠? 그래서 사각형 모양의 블록(block)이란 말로 '구역'을 나타낸답니다. 하지만 영국의 도시들은 오랫동안 자연스럽게 형성되어 사각형 모양의 블록이 없기 때문에 이런 말을 쓰지 않아요. 영국에서는 여러 채의 아파트가 있는 대형 건물이나 특정 목적용 건물을 block이라 부른답니다.

472 connect [kənékt]

⠀⠀⠀(동) 연결하다; 접속하다

Connect the keyboard wires to the computer.

키보드 선을 컴퓨터에 **연결하세요**.

473 wheel [hwi:l]

⠀⠀⠀(명) 바퀴; 핸들; (pl.) 승용차

The bicycle has four **wheels**.

그 자전거는 **바퀴**가 4개이다.

474 speed [spi:d]

⠀⠀⠀(명) 속도

This car can run at fantastic **speeds**.

이 차는 환상적인 **속도**를 내며 달릴 수 있다.

학교시험
475 seat [si:t]

⠀⠀⠀(명) 좌석, 자리

Please rest in your **seat**. 교과서

당신의 **좌석**에서 쉬어 주세요.

학교시험 관용어구 take a seat

Q 괄호 안에 알맞은 것을 고르시오.

The show starts soon. Take a (seat / chair) please.

↳ '자리에 앉다'는 take a seat이다.

답 seat

교통, 교통수단
Use Words

빈칸을 채우며 단어를 외우고, 쓰면서 한 번 더 익히세요.

01 _____ lights 교통 신호등	traffic *traffic*
02 three _____s 3개의 다리들	bridge
03 _____ the street 도로를 건너다	cross
04 _____ a car 차를 운전하다	drive
05 _____ a horse 말을 타다	ride
06 the bus _____ 버스 요금	fare
07 a _____ station 주유소	gas
08 the yellow _____ 노란색 표지판	sign
09 _____ for presents 선물을 기다리다	wait
10 know the _____ 지름길을 알다	shortcut
11 walk up the _____ 그 길을 걸어 올라가다	path
12 the _____ to the village 마을로 가는 도로	road
13 along the _____ 거리를 따라	street

14 buy me a _____ 내게 자전거를 사 주다   bicycle

15 food _____ s 푸드 트럭들   truck

16 a _____ to Busan 부산으로 가는 기차   train

17 take the _____ 지하철을 타다   subway

18 fly _____ s 비행기를 날리다   airplane

19 enjoy _____ trips 기차 여행을 즐기다   rail

20 the bus _____ 버스 정류장   station

21 go straight two _____ s 두 블록을 직진하다   block

22 _____ it to the computer   connect
그것을 컴퓨터에 연결하다

23 have four _____ s 바퀴가 4개이다   wheel

24 at fantastic _____ s 환상적인 속도로   speed

25 rest in your _____ 당신의 좌석에서 쉬다   seat

3-Minute Check

오늘 학습한 단어와 뜻을
최종적으로 암기했는지 확인하세요!

		Check
451 **traffic**	똉 교통	☐
452 **bridge**	똉 다리	☐
453 **cross**	동 (가로질러) 건너다	☐
454 **drive**	동 운전하다	☐
455 **ride**	동 (말·차량 등을) 타다 똉 타기	☐
456 **fare**	똉 (교통) 요금	☐
457 **gas**	똉 휘발유; 기체, 가스	☐
458 **sign**	똉 표지판; 신호 동 서명하다	☐
459 **wait**	동 기다리다	☐
460 **shortcut**	똉 지름길	☐
461 **path**	똉 길	☐
462 **road**	똉 도로	☐
463 **street**	똉 도로, 거리	☐

		Check
464 **bicycle**	똉 자전거	☐
465 **truck**	똉 트럭	☐
466 **train**	똉 기차, 열차 동 교육시키다	☐
467 **subway**	똉 지하철	☐
468 **airplane**	똉 비행기	☐
469 **rail**	똉 기차; 레일	☐
470 **station**	똉 정류장, 역	☐
471 **block**	똉 블록, 구역 동 막다	☐
472 **connect**	동 연결하다; 접속하다	☐
473 **wheel**	똉 바퀴; 핸들; (pl.) 승용차	☐
474 **speed**	똉 속도	☐
475 **seat**	똉 좌석, 자리	☐

외우지 않은 단어가 있으면 미니 단어장에서 다시 한번 정리해 보세요.

상황·사물 묘사

📖 오늘 학습할 단어를 공부하고, 가리개를 사용해서 암기해 보세요.

476 **sleepy** [slí:pi]

(형) 졸린; 생기 없고 조용한

She feels **sleepy** in class. 교과서

그녀는 수업 시간에 졸립다.

477 **strong** [strɔ(:)ŋ]

(형) 강한

The sunlight isn't very **strong** in my country. 교과서

우리나라는 햇빛이 매우 **강하지** 않다.

478 **ordinary** [ɔ́:rdənèri]

(형) 평범한; 보통의

It isn't an **ordinary** story. 교과서

그것은 **평범한** 이야기가 아니다.

479 **strange** [streindʒ]

(형) 이상한

I heard some **strange** sounds. 교과서

나는 **이상한** 소리를 들었다.

480 **metal** [métəl]

(명) 금속

This gate was made of **metal**.

이 문은 **금속**으로 만들어졌다.

481 **clean** [kli:n]

(형) 깨끗한, 깔끔한 (동) 닦다, 청소하다

The shopping mall is very big and **clean**. 교과서

그 쇼핑몰은 매우 크고 **깨끗하다**.

▶ **clean the bath** 욕조를 닦다

482 **dirty** [də́:rti]

(형) 더러운

Our school library has a **dirty** wall.

교과서 우리 학교 도서관에는 **더러운** 벽이 있다.

483 **correct** [kərékt]

(형) 옳은; 정확한 (동) 바로잡다

Check the **correct** answer now. 교과서

이제 **옳은** 답을 확인하세요.

▶ **correct mistakes** 실수를 바로잡다

(Communication)

484 **wrong** [rɔ(:)ŋ]

(형) 잘못된, 틀린

What's **wrong** with your PC? 성취도

당신의 컴퓨터는 무엇이 **잘못되었습니까**?

💬 **Communication** 상태의 원인 묻기

A What's **wrong** with you?
(당신에게 무슨 일이 있나요?)

B Well, I got a bad cold.
(음, 제가 지독한 감기에 걸렸어요.)

05 10 15

485 tiny [táini]

(형) 아주 작은

The pot is covered with **tiny** plants.

(수능) 그 화분은 **아주 작은** 식물들로 덮여 있다.

486 great [greit]

(형) 대단한; 좋은; (크기가) 큰

You have a **great** sense of smell. (교과서)

너는 냄새를 맡는 **대단한** 감각이 있다.

487 large [lɑ:rdʒ]

(형) (크기가) 큰; 많은

The building has many **large** windows.

(교과서) 그 건물에는 **큰** 창문이 많이 있다.

(Voca Tip)
488 huge [hju:dʒ]

(형) (크기가) 거대한

The king's shoes were **huge**. (교과서)

그 왕의 신발은 **거대했다**.

489 poor [puər]

(형) 가난한; 불쌍한

They are too **poor** to buy some food.

그들은 너무 **가난해서** 약간의 음식도 살 수가 없다.

▶▶ **you poor thing** 불쌍한 것[녀석]

490 rich [ritʃ]

(형) 부유한

It'll be helpful to **rich** countries. (수능)

그것은 **부유한** 나라들에 도움이 될 것이다.

491 same [seim]

(형) 같은

They're in the **same** class. (교과서)

그들은 **같은** 반에 있다.

(숙어)
492 different [dífərənt]

(형) 다른

Enjoy **different** school lunches here.

(교과서) 이곳에서 **다른** 학교 급식을 즐겨 보세요.

💡 **Voca Tip** great 🆚 large 🆚 huge

great ☞ 단순히 크기가 큰 것이 아닌 그로 인해 감탄스러운
상황을 묘사할 때 씀

large ☞ 격식 있는 글에서 큰 것을 묘사할 때 씀

huge ☞ 크기나 수량 정도가 엄청나게 큰 사물을 묘사할 때 씀

💡 **숙어** be different from: ~와 다르다

• You **are different from** others.
(너는 다른 사람과 다르다.)

• My feeling **is not different from** yours.
(나의 감정은 너의 것과 다르지 않다.)

493 sharp [ʃɑːrp]

(형) 날카로운

He broke through the net with his **sharp** teeth. 교과서

그는 자신의 **날카로운** 이빨로 그물을 뚫고 나아갔다.

494 thick [θik]

(형) 두꺼운; (안개 등이) 짙은

Elephants have very **thick** legs.

코끼리는 매우 **두꺼운** 다리를 가지고 있다.

▶ **thick mist** 짙은 안개

495 green [griːn]

(형) 초록색의; 환경 보호의 (명) 초록색

We should wait for the **green** light.
교과서 우리는 **초록**불을 기다려야 한다.

(Culture)
496 colorful [kʌ́lərfəl]

(형) 형형색색의

Colorful birds sing in trees. 교과서

형형색색의 새들이 나무에서 노래한다.

문화 Culture colorful? colourful?

미국과 영국에서는 같은 단어인데도 철자를 다르게 쓰는 경우가 있어요. 미국에서는 color, colorful이라고 쓰지만, 영국에서는 colour, colourful로 쓴답니다. humor(유머), odor(냄새, 향)도 마찬가지로 영국에서는 humour, odour로 쓰지요.

497 hurry [hɔ́ːri]

(명) 서두름 (동) 서두르다

I'm in a **hurry** to swim with my friends. 성취도

나는 친구들과 수영하려고 **서두른다**.

498 simple [símpl]

(형) 간단한

It's a very **simple** recipe. 교과서

그것은 매우 **간단한** 요리법이다.

499 useful [júːsfəl]

(형) 도움이 되는, 유용한

Dogs are very **useful** animals.

개는 매우 **도움이 되는** 동물이다.

학교시험
500 well [wel]

(부) 잘, 좋게 (감) 이런; 좋아

You don't know me **well**. 교과서

너는 나를 **잘** 알지 못한다.

학교시험 부사 vs. 형용사

Q 괄호 안에 알맞은 것을 고르시오.

He plays football very (good / well).

↳ 동사를 수식할 때는 부사인 well을 쓴다.

답 well

01 feel _____ in class 수업 시간에 졸리다

sleepy   sleepy

02 the _____ sunlight 강한 햇빛

strong

03 an _____ story 평범한 이야기

ordinary

04 hear _____ sounds 이상한 소리가 들리다

strange

05 be made of _____ 금속으로 만들어지다

metal

06 very big and _____ 매우 크고 깨끗한

clean

07 a _____ wall 더러운 벽

dirty

08 the _____ answer 옳은 답

correct

09 the _____ answer 잘못된 답

wrong

10 be covered with _____ plants
아주 작은 식물들로 덮여 있다

tiny

11 a _____ sense of smell
냄새를 맡는 대단한 감각

great

12 have many _____ windows
큰 창문이 많이 있다

large

13 _____ shoes 거대한 신발

huge

14 too _____ to buy some food
약간의 음식을 사기에 너무 가난한

poor

15 be helpful to _____ countries
부유한 나라들에 노움이 뇌나

rich

16 be in the _____ class   같은 반에 있다

same

17 enjoy _____ school lunches
다른 학교 급식을 즐기다

different

18 with _____ teeth   날카로운 이빨로

sharp

19 have _____ legs   두꺼운 다리를 가지다

thick

20 the _____ light   초록불

green

21 _____ birds   형형색색의 새들

colorful

22 be in a _____   서두르다

hurry

23 a _____ recipe   간단한 요리법

simple

24 _____ animals   도움이 되는 동물들

useful

25 know me _____   나를 잘 알다

well

			Check
476	**sleepy**	(형) 졸린; 생기 없고 조용한	☐
477	**strong**	(형) 강한	☐
478	**ordinary**	(형) 평범한; 보통의	☐
479	**strange**	(형) 이상한	☐
480	**metal**	(명) 금속	☐
481	**clean**	(형) 깨끗한, 깔끔한 (동) 닦다, 청소하다	☐
482	**dirty**	(형) 더러운	☐
483	**correct**	(형) 옳은; 정확한 (동) 바로잡다	☐
484	**wrong**	(형) 잘못된, 틀린	☐
485	**tiny**	(형) 아주 작은	☐
486	**great**	(형) 대단한; 좋은; (크기가) 큰	☐
487	**large**	(형) (크기가) 큰; 많은	☐
488	**huge**	(형) (크기가) 거대한	☐

			Check
489	**poor**	(형) 가난한; 불쌍한	☐
490	**rich**	(형) 부유한	☐
491	**same**	(형) 같은	☐
492	**different**	(형) 다른	☐
493	**sharp**	(형) 날카로운	☐
494	**thick**	(형) 두꺼운; (안개 등이) 짙은	☐
495	**green**	(형) 초록색의; 환경 보호의 (명) 초록색	☐
496	**colorful**	(형) 형형색색의	☐
497	**hurry**	(명) 서두름 (동) 서두르다	☐
498	**simple**	(형) 간단한	☐
499	**useful**	(형) 도움이 되는, 유용한	☐
500	**well**	(부) 잘, 좋게 (감) 이런; 좋아	☐

외우지 않은 단어가 있으면 미니 단어장에서 다시 한번 정리해 보세요.

Wrap Up

A 영어는 우리말로, 우리말은 영어로 쓰시오.

01	master	16	관계
02	social	17	도움; 돕다
03	ordinary	18	졸업하다; 졸업자
04	connect	19	지름길
05	fellow	20	형형색색의
06	tiny	21	이웃 (사람)
07	review	22	문제; 중요하다
08	share	23	정류장, 역
09	traffic	24	호의, 친절
10	peer	25	수학
11	huge	26	적
12	solve	27	사전
13	different	28	서두름; 서두르다
14	senior	29	과목; 주제
15	major	30	잘못된, 틀린

B 우리말과 일치하도록 빈칸에 알맞은 단어를 쓰시오.

01 말을 타다   _____ a horse

02 간단한 요리법   a _____ recipe

03 도로를 건너다   _____ the street

04 목표를 달성하다   achieve a _____

05 과학책   a _____ book

06 이상한 소리가 들리다   hear _____ sounds

07 나의 친절한 반 친구들   my friendly _____s

08 완벽한 조화를 이루며 수영하다   swim in perfect _____

C 밑줄 친 부분에 해당하는 우리말 해석을 찾아 밑줄을 치시오.

01 Elephants have very thick legs.
⇨ 코끼리는 매우 두꺼운 다리를 가지고 있다.

02 Dogs are very useful animals.
⇨ 개는 매우 도움이 되는 동물이다.

03 How much is the bus fare?
⇨ 버스 요금은 얼마인가요?

04 Your nickname sounds really fun.
⇨ 네 별명은 정말 재밌다.

DAY 21

모양, 정도

📖 오늘 학습할 단어를 공부하고, 가리개를 사용해서 암기해 보세요.

---

501 empty [émpti]

(형) 빈 (동) 비우다

He put an **empty** bottle in a bin. 교과서

그는 쓰레기통에 **빈** 병을 넣었다.

---

502 full [ful]

(형) 가득 찬; 배가 부른

The village was **full** of pretty houses.

교과서 그 마을은 예쁜 집들로 **가득 차** 있었다.

▶ be full 배부르다

---

503 deep [di:p]

(형) 깊은

The water is so **deep** and blue. 교과서

물이 매우 **깊고** 푸르다.

---

504 wide [waid]

(형) 폭이 ~인; 넓은

The backpack is 30 centimeters **wide**.

교과서 그 배낭의 **폭은** 30cm이다.

▶ a wide river 넓은 강

---

505 long [lɔ(:)ŋ]

(형) 긴, 오랜 (부) 오랫동안

We had a **long** talk at the beach. 교과서

우리는 해변에서 **긴** 대화를 나누었다.

---

506 common [kámən]

(형) 흔한; 공동의

Text neck is **common** to students.

교과서 거북목 증후군은 학생들에게 **흔하다**.

▶ a common interest 공통의 관심사

---

507 unique [ju:ní:k]

(형) 독특한, 유일한

I have a **unique** recipe for the contest.

수능 나는 대회를 위한 **독특한** 조리법을 가지고 있다.

---

508 size [saiz]

(명) 크기

A blue whale's heart is the **size** of a small car. 교과서

흰긴수염고래의 심장은 작은 차 한 대 **크기**이다.

(Communication)

509 type [taip]

(명) 종류

Pipe is a **type** of wind instrument. 수능

피리는 관악기의 한 **종류**이다.

💬 **Communication** 종류나 유형 묻고 답하기

A What type of music do you like?
(당신은 어떤 종류의 음악을 좋아하십니까?)

B I love rap music.
(저는 랩 음악을 정말 좋아해요.)

---

510 **flat** [flæt]

형 평평한, 납작한

This building has a **flat** roof.

이 건물은 **평평한** 지붕을 가지고 있다.

▶▶ **get a flat tire** 타이어가 펑크 나다

511 **round** [raund]

형 둥근

He has big **round** eyes. 교과서

그는 크고 **둥근** 눈을 가졌다.

512 **shape** [ʃeip]

명 모양, 형태; 몸매 동 형성하다

Let's make a plus **shape**. 교과서

더하기 **모양**을 만듭시다.

▶▶ **keep in shape** 몸매(건강)를 유지하다

(Voca Tip)
513 **form** [fɔːrm]

동 형성되다; 형성하다 명 모양, 형태

How did a lake **form**?

호수가 어떻게 **형성되었**나요?

514 **dot** [dɑt]

명 점

How about a mask with **dots**? 듣기

점무늬가 있는 마스크는 어때요?

515 **circle** [sə́ːrkl]

명 원

Women dance in a big **circle**. 교과서

여자들은 커다란 **원**을 그리며 춤을 춘다.

516 **triangle** [tráiæ̀ŋgl]

명 삼각형

Cut the bread into **triangles**.

빵을 **삼각형**으로 잘라라.

(Culture)
517 **square** [skwɛər]

형 정사각형의 명 정사각형

How about this **square** table? 성취도

이 **정사각형** 식탁은 어떠세요?

💡 **Voca Tip** shape vs form

shape ☞ 2차원 공간에서 존재하는 모양 (예) 원)
form ☞ 3차원 공간에서 존재하는 모양 (예) 구)

문화 **Culture** square one? 정사각형 하나?

square one은 '원점, 시작점'이라는 뜻이에요. 그래서 back to square one이라고 하면 '원점(시작점)으로 돌아가다'라는 뜻이랍니다. square one의 의미 유래는 정확히 밝혀지지 않았지만 보드게임의 첫 번째 칸을 square one이라고 했다는 설이 있다고 하네요!

518 heavy [hévi]

(형) 무거운

She can carry this **heavy** box. 교과서

그녀는 이 **무거운** 상자를 나를 수 있다.

519 almost [ɔ́:lmoust]

(부) 거의

I think we're **almost** ready. 교과서

우리는 **거의** 준비가 된 것 같다.

520 already [ɔːlrédi]

(부) 벌써, 이미

It's **already** 8 o'clock. 교과서

벌써 8시이다.

[숙어]
521 once [wʌns]

(부) 한 번 (접) ~하자마자

I'd like to try skateboarding **once**.

나는 스케이트보드 타기를 **한 번** 정도 시도해 보고 싶다.

숙어 **at once: 즉시, 동시에**

· You need to come here **at once**.
  (너는 **즉시** 여기로 와야 한다.)
· My mom can do two things **at once**.
  (나의 엄마는 두 가지 일을 **동시에** 할 수 있다.)

522 part [pɑːrt]

(명) 부분; 일부

Bath time is my favorite **part** of the day. 교과서

목욕 시간이 하루 일과 중 제가 가장 좋아하는 **부분**입니다.

523 whole [houl]

(형) 전체의

I spent the **whole** day reading books.

나는 책을 읽으며 하루 **전체**를 보냈다.

524 little [lítl]

(형) 작은; 거의 없는

He gave them **little** seeds. 교과서

그는 그들에게 **작은** 씨앗들을 주었다.

≫ **have little water** 물이 거의 없다

학교시험
525 a little

조금; 약간의

You look **a little** down. 교과서

당신은 **조금** 기운이 없어 보이네요.

학교시험 **a few vs. a little**

Q 괄호 안에 알맞은 것을 고르시오.

I want (a few / a little) sugar in my bowl.

↳ a few는 셀 수 있는 명사 앞에, a little은 셀 수 없는 명사 앞에 온다. sugar는 셀 수 없는 명사이다.

답 a little

01 an _____ bottle 빈 병

empty   empty

02 be _____ of houses 집들로 가득 차 있다

full

03 so _____ water 매우 깊은 물

deep

04 _____ shoulders 넓은 어깨

wide

05 have a _____ talk 긴 대화를 나누다

long

06 _____ to students 학생들에게 흔한

common

07 a _____ recipe 독특한 조리법

unique

08 the _____ of a small car 작은 차 한 대 크기

size

09 a _____ of wind instrument
관악기의 한 종류

type

10 a _____ roof 평평한 지붕

flat

11 big _____ eyes 크고 둥근 눈

round

12 make a plus _____ 더하기 모양을 만들다

shape

13 _____ a lake 호수를 형성하다

form

14 a mask with _____s 점무늬가 있는 마스크   dot

15 dance in a _____ 원을 그리며 춤추다   circle

16 cut the bread into _____s   triangle
    빵을 삼각형으로 자르다

17 this _____ table 이 정사각형 식탁   square

18 carry a _____ box 무거운 상자를 나르다   heavy

19 be _____ ready 거의 준비가 되다   almost

20 be _____ late 벌써 늦었다   already

21 try skateboarding _____   once
    스케이트보드 타기를 한 번 시도하다

22 my favorite _____ 내가 가장 좋아하는 부분   part

23 spend the _____ day 하루 전체를 보내다   whole

24 give them _____ seeds   little
    그들에게 작은 씨앗들을 주다

25 look _____ down 조금 기운이 없어 보이다   a little

3-Minute Check

		Check
501 **empty**	🔲 빈 🔲 비우다	☐
502 **full**	🔲 가득 찬; 배가 부른	☐
503 **deep**	🔲 깊은	☐
504 **wide**	🔲 폭이 ~인; 넓은	☐
505 **long**	🔲 긴, 오랜 🔲 오랫동안	☐
506 **common**	🔲 흔한; 공통의	☐
507 **unique**	🔲 독특한, 유일한	☐
508 **size**	🔲 크기	☐
509 **type**	🔲 종류	☐
510 **flat**	🔲 평평한, 납작한	☐
511 **round**	🔲 둥근	☐
512 **shape**	🔲 모양, 형태; 몸매 🔲 형성하다	☐
513 **form**	🔲 형성되다; 형성하다 🔲 모양, 형태	☐

		Check
514 **dot**	🔲 점	☐
515 **circle**	🔲 원	☐
516 **triangle**	🔲 삼각형	☐
517 **square**	🔲 정사각형의 🔲 정사각형	☐
518 **heavy**	🔲 무거운	☐
519 **almost**	🔲 거의	☐
520 **already**	🔲 벌써, 이미	☐
521 **once**	🔲 한 번 🔲 ~하자마자	☐
522 **part**	🔲 부분; 일부	☐
523 **whole**	🔲 전체의	☐
524 **little**	🔲 작은; 거의 없는	☐
525 **a little**	조금; 약간의	☐

외우지 않은 단어가 있으면 미니 단어장에서 다시 한번 정리해 보세요.

DAY 22

빈도, 수, 양

📖 오늘 학습할 단어를 공부하고, 가리개를 사용해서 암기해 보세요.

526 **both** [bouθ]

대 둘 다 한 둘 다의
Both of them are young. 교과서
그들 **둘 다** 어리다.

527 **each** [iːtʃ]

한 각각의 부 각각
Each student brings a special item to school. 교과서
각각의 학생들은 특별한 물품을 학교에 가져 온다.

528 **some** [sʌm]

한 몇 개의, 약간의 대 약간
I'll buy **some** magazines there. 교과서
나는 거기에서 잡지 **몇** 권을 살 것이다.

529 **any** [éni]

한 어떤; 얼마간의
I don't need **any** help.
나는 **어떤** 도움도 필요 없다.

530 **every** [évri]

한 모든
He goes to **every** house. 교과서
그는 **모든** 집을 방문한다.

531 **several** [sévərəl]

형 여러 개의
He built **several** churches in Milan. 수능
그는 밀라노에 **여러** 교회를 지었다.

532 **quite** [kwait]

부 꽤, 상당히
You're **quite** good at dancing.
당신은 춤을 **꽤** 잘 추시는군요.

533 **enough** [inʌ́f]

한 충분한 부 충분히
That's **enough** for five people.
그것은 다섯 명에게 **충분하다**.

(Communication)
534 **much** [mʌtʃ]

한 많은 부 많이
He's giving too **much** water. 교과서
그는 너무 **많은** 물을 주고 있다.

💬 **Communication** 가격 묻고 답하기

A How **much** are these red socks?
(이 빨간 양말은 얼마인가요?)
B They are eight dollars.
(8달러입니다.)

535 **nothing** [nʌ́θiŋ]

(대) 아무것도 (~ 없다) (명) 무, 무가치

There's **nothing** you can do.
네가 할 수 있는 것은 **아무것도 없다**.

539 **pair** [pɛər]

(명) 쌍; 켤레

He wanted to have a **pair** of earphones.
성취도 그는 이어폰 한 **쌍**을 갖길 원했다.

▶ a pair of socks 양말 한 켤레

536 **half** [hæf]

(명) 절반 (한) 절반의

Half of four is two.
4의 **절반**은 2이다.

▶ a half share 절반의 몫

540 **hundred** [hʌ́ndrəd]

(형) 100의; 수백의 (명) 100

One **hundred** people will be invited
to the event. 수능
100명의 사람들이 행사에 초대될 것이다.

537 **few** [fju:]

(한) 거의 없는

Lizards have **few** natural enemies. 수능
도마뱀들은 천적이 **거의 없다**.

541 **thousand** [θáuzənd]

(명) 1000 (형) 1000의; 수천의

She made **thousands** this year.
그녀는 올해 **수천**을 벌었다.

538 Voca Tip **a few**

조금의

There are **a few** pencils on the desk.
교과서 책상 위에 연필이 **조금** 있다.

542 숙어 **count** [kaunt]

(동) 세다

He will **count** the kicks. 교과서
그가 발차기 횟수를 **셀** 것이다.

💡 **Voca Tip** few a few

few ☞ (셀 수 있는 명사 앞에서) 거의 없는
a few ☞ (셀 수 있는 명사 앞에서) 조금 있는

✦ 숙어 count on: ~을 믿다[의지하다]

· You can **count on** him.
  (너는 그를 믿을 수 있다.)
· I always **count on** my family.
  (나는 언제나 나의 가족에게 **의지한다**.)

543 only [óunli]

(형) 유일한 (부) 오직

This is the **only** theater in the town. 교과서

이것은 도시의 **유일한** 극장이다.

544 usually [júːʒuəli]

(부) 보통; 평소에

Does she **usually** have dessert? 교과서

그녀는 **보통** 디저트를 먹나요?

545 often [ɔ́(ː)ftən]

(부) 자주; 보통

She **often** rides her bike. 교과서

그녀는 **자주** 자전거를 탄다.

Culture
546 a bit

조금, 약간

Isn't this hat **a bit** small?

이 모자는 **조금** 작지 않나요?

문화 Culture a bit? a little bit?

'조금, 약간'이라는 뜻을 나타낼 때 영국에서는 a bit을, 미국
에서는 a little이나 a little bit(비격식)을 더 자주 사용한
답니다. "이 셔츠가 약간 껴."라고 말하고 싶을 때 영국에서
는 This shirt is a bit tight.라고 한다면, 미국에서는 This
shirt is a little (bit) tight.라고 해요.

---

547 always [ɔ́ːlweiz]

(부) 항상

The moon is **always** in the sky. 교과서

달은 **항상** 하늘에 있다.

548 sometimes [sʌ́mtàimz]

(부) 때때로

Sometimes, my neck really hurts. 교과서

때때로 내 목이 정말 아프다.

549 never [névər]

(부) 절대[한 번도] ~않다

I will **never** forget my time in Paris. 교과서

나는 파리에서의 시간을 **절대** 잊지 **않을** 것이다.

학교시험
550 number [nʌ́mbər]

(명) 숫자, 번호

The **number** 7 brings good luck. 교과서

숫자 7은 행운을 가져온다.

학교시험 a number of의 수 일치

Q 괄호 안에 알맞은 것을 고르시오.

There (are / is) a number of people in the
park.

↳ <a number of + 복수명사>는 '많은 ~'이란 뜻으로 복수
취급하므로, 복수동사가 와야 한다. **A** are

01 _____ of them 그들 둘 다   both   both

02 _____ student 각각의 학생들   each

03 buy _____ magazines 잡지 몇 권을 사다   some

04 do not need _____ help   any
어떤 도움도 필요 없다

05 go to _____ house 모든 집을 방문하다   every

06 build _____ churches 여러 교회를 짓다   several

07 be _____ good at dancing 춤을 꽤 잘 추다   quite

08 _____ for five people 다섯 명에게 충분한   enough

09 give too _____ water 너무 많은 물을 주다   much

10 have _____ to do 할 것이 아무것도 없다   nothing

11 _____ of four 4의 절반   half

12 have _____ natural enemies   few
천적이 거의 없다

13 _____ pencils 연필 조금   a few

14 a _____ of earphones 이어폰 한 쌍

pair

15 one _____ people 100명의 사람들

hundred

16 make _____s 수천을 벌다

thousand

17 _____ the kicks 발차기 횟수를 세다

count

18 the _____ theater 유일한 극장

only

19 _____ have dessert 보통 디저트를 먹다

usually

20 _____ ride a bike 자주 자전거를 타다

often

21 _____ small 조금 작은

a bit

22 be _____ in the sky 항상 하늘에 있다

always

23 _____ hunt alone 때때로 혼자 사냥을 하다

sometimes

24 _____ forget my time in Paris
파리에서의 시간을 절대 잊지 않다

never

25 a phone _____ 전화 번호

number

빈도, 수, 양
3-Minute Check

오늘 학습한 단어와 뜻을
최종적으로 암기했는지 확인하세요!

		Check
526 **both**	때 둘 다 한 둘 다의	☐
527 **each**	형 각각의 분 각각	☐
528 **some**	한 몇 개의, 약간의 때 약간	☐
529 **any**	한 어떤; 얼마간의	☐
530 **every**	한 모든	☐
531 **several**	한 여러 개의	☐
532 **quite**	분 꽤, 상당히	☐
533 **enough**	한 충분한 분 충분히	☐
534 **much**	한 많은 분 많이	☐
535 **nothing**	때 아무것도 (~ 없다) 명 무, 무가치	☐
536 **half**	명 절반 한 절반의	☐
537 **few**	한 거의 없는	☐
538 **a few**	조금의	☐

		Check
539 **pair**	명 쌍; 켤레	☐
540 **hundred**	형 100의; 수백의 명 100	☐
541 **thousand**	명 1000 형 1000의; 수천의	☐
542 **count**	동 세다	☐
543 **only**	형 유일한 분 오직	☐
544 **usually**	분 보통; 평소에	☐
545 **often**	분 자주; 보통	☐
546 **a bit**	조금, 약간	☐
547 **always**	분 항상	☐
548 **sometimes**	분 때때로	☐
549 **never**	분 절대[한 번도] ~않다	☐
550 **number**	명 숫자, 번호	☐

외우지 않은 단어가 있으면 **MINI 단어장**에서 다시 한번 정리해 보세요.

시간, 순서

📖 오늘 학습할 단어를 공부하고, 가리개를 사용해서 암기해 보세요.

---

551 noon [nu:n]

몡 정오, 낮 12시

We'll meet at the library at **noon**. 교과서

우리는 **정오**에 도서관에서 만날 것이다.

---

552 afternoon [ǽːftərnúːn]

몡 오후

In the **afternoon**, it'll snow. 교과서

오후에 눈이 올 것이다.

---

553 evening [íːvniŋ]

몡 저녁

Let's go out for dinner this **evening**.

교과서 오늘 **저녁**에 외식하자.

---

554 weekend [wíːkènd]

몡 주말

We had a good **weekend**. 교과서

우리는 즐거운 **주말**을 보냈다.

---

555 period [píː(ː)əriəd]

몡 기간; 주기

It's a **period** of peace now.

지금은 평화의 **기간**이다.

▶ the Jurassic period 쥐라기

---

556 past [pæst]

몡 과거 혱 지나간

People learn about the **past**. 수능

사람들은 **과거**에 대해 배운다.

▶ in past years 지난 세월에

---

557 present [prézənt]

몡 현재; 선물 혱 현재의; 참석한

You should start living in the **present**.

교과서 당신은 **현재**의 삶을 살기 시작해야 한다.

▶ be present at the meeting 회의에 참석하다

---

558 future [fjúːtʃər]

몡 미래

Get ready for the **future**. 교과서

미래를 위해 준비하세요.

Communication

559 later [léitər]

부 나중에

Show the pencil case to me **later**. 교과서

나중에 그 필통을 제게 보여 주세요.

💬 **Communication** 헤어질 때 인사하기

A I should go home now.
(나는 지금 집에 가봐야 해.)

B Okay. See you later.
(알았어. 나중에 보자.)

---

560 **ever** [évər]

(부) 항상, 언제나
They lived happily **ever** after. 교과서
그들은 이후로 **항상** 행복하게 살았다.

561 **then** [ðen]

(부) 그 다음에; 그러면; 그때
Then turn right at the corner. 성취도
그 다음에 모퉁이에서 오른쪽으로 도세요.
» now and then 때때로, 가끔

562 **final** [fáinəl]

(형) 마지막의
I watched his **final** game. 교과서
나는 그의 **마지막** 경기를 보았다.

(Voca Tip)
563 **last** [læst]

(형) 지난; 최후의 (부) 최근에 (동) 지속하다
Last night, I ate too many fruits. 교과서
지난밤에 나는 과일을 너무 많이 먹었다.
» last two minutes 2분간 지속하다

564 **hour** [áuər]

(명) 시간
Can she come back in an **hour**? 교과서
그녀가 한 **시간** 내로 돌아올 수 있나요?

565 **minute** [mínit]

(명) (시간 단위) 분
We should start the show in 8
minutes. 교과서
우리는 8**분** 내에 쇼를 시작해야 한다.
» in a minute 당장, 즉시

566 **second** [sékənd]

(명) (시간 단위) 초 (한) 둘째 번의 (부) 둘째로
She runs 100 meters in 15 **seconds**.
교과서 그녀는 100미터를 15**초** 안에 뛴다.
» the second race 두 번째 경주

(숙어)
567 **turn** [təːrn]

(명) 차례 (동) 돌다; 변하다
She waits for her **turn**. 교과서
그녀는 자신의 **차례**를 기다리고 있다.
» turn into ice 얼음으로 변하다

Voca Tip final (vs) last

final ☞ 변경이 불가능한 마지막, 최후라는 의미
last ☞ 비슷한 여러 개의 선택지 중에 마지막이지만 다음
에 또 할 수 있다는 의미

숙어 turn on[off]: (라디오·TV 등을) 켜다[끄다]

· Turn on the radio for us.
(우리를 위해 라디오를 켜 주세요.)
· Did you turn off the TV?
(당신은 TV를 껐습니까?)

568 **late** [leit]

(형) 늦은 (부) 늦게

Don't be **late** for school. 교과서

학교에 **늦지** 마세요.

» get up late 늦게 일어나다

569 **early** [ə́ːrli]

(부) 일찍 (형) 이른

She goes to bed **early** everyday. 교과서

그녀는 매일 **일찍** 잠자리에 든다.

» an early bird 부지런한 사람

570 **again** [əgén]

(부) 다시

They want to see me **again**. 교과서

그들은 나를 **다시** 보길 원한다.

(Culture)
571 **first** [fəːrst]

(한) 첫 번째의 (부) 처음; 우선

It was my **first** hunt today. 교과서

그것은 오늘 나의 **첫 번째** 사냥이었다.

📖 Culture first name? last name?

사람의 이름에서 성을 last name이라고 하고, 이름을 first name이라고 해요. 영어식으로는 이름을 먼저 쓰고 성을 그 뒤에 쓰기 때문이죠. Mike Ross라는 사람이 있다면 이름은 Mike, 성은 Ross겠죠?

572 **moment** [móumənt]

(명) 잠시, 잠깐; 순간

Can you wait for a **moment**? 수능

잠시만 기다려 주실 수 있나요?

» the best moment 최고의 순간

573 **soon** [suːn]

(부) 곧; 빨리

The English class begins **soon**. 교과서

영어 수업이 **곧** 시작된다.

574 **follow** [fálou]

(동) ~의 다음에 오다; 따르다

Summer **follows** spring.

여름은 봄 **다음에 온다.**

» follow one's dreams ~의 꿈을 따르다

학교시험
575 **during** [djú(ː)əriŋ]

(전) ~ 동안

She went home **during** lunch. 교과서

그녀는 점심시간 **동안** 집으로 갔다.

📝 학교시험 during vs. for

Q 괄호 안에 알맞은 것을 고르시오.

How do animals live (for / during) winter?

↳ 특정 기간을 나타내는 말 앞에는 during을 쓴다.

답 during

시간, 순서
Use Words

빈칸을 채우며 단어를 외우고, 쓰면서 한 번 더 익히세요.

01 meet at _____ 정오에 만나다   noon   noon

02 in the _____ 오후에   afternoon

03 go out for dinner this _____   evening
오늘 저녁에 외식하다

04 have a good _____ 즐거운 주말을 보내다   weekend

05 a _____ of peace 평화의 기간   period

06 learn about the _____ 과거에 대해 배우다   past

07 live in the _____ 현재의 삶을 살다   present

08 get ready for the _____ 미래를 위해 준비하다   future

09 call me _____ 나중에 내게 전화하다   later

10 live happily _____ after   ever
이후로 항상 행복하게 살다

11 _____ turn right 그 다음에 오른쪽으로 돌다   then

12 his _____ game 그의 마지막 경기   final

13 _____ night 지난밤   last

14 in an _____ 한 시간 내로

hour

15 start the show in 8 _____ s
8분 내에 쇼를 시작하다

minute

16 run 100 meters in 15 _____ s
100미터를 15초 안에 뛰다

second

17 wait for her _____ 그녀의 차례를 기다리다

turn

18 be _____ for school 학교에 늦다

late

19 go to bed _____ 일찍 잠자리에 들다

early

20 see me _____ 나를 다시 보다

again

21 my _____ hunt 나의 첫 번째 사냥

first

22 wait for a _____ 잠시 기다리다

moment

23 begin _____ 곧 시작되다

soon

24 _____ your dream 당신의 꿈을 따르다

follow

25 _____ lunch 점심시간 동안

during

3-Minute Check

		Check				Check
551 **noon**	몡 정오, 낮 12시	☐	564 **hour**	몡 시간		☐
552 **afternoon**	몡 오후	☐	565 **minute**	몡 분		☐
553 **evening**	몡 저녁	☐	566 **second**	몡 초 한 둘째 번의 뿐 둘째로		☐
554 **weekend**	몡 주말	☐	567 **turn**	몡 차례 동 돌다; 변하다		☐
555 **period**	몡 기간; 주기	☐	568 **late**	형 늦은 뿐 늦게		☐
556 **past**	몡 과거 형 지나간	☐	569 **early**	뿐 일찍 형 이른		☐
557 **present**	몡 현재; 선물 형 현재의; 참석한	☐	570 **again**	뿐 다시		☐
558 **future**	몡 미래	☐	571 **first**	한 첫 번째의 뿐 처음; 우선		☐
559 **later**	뿐 나중에	☐	572 **moment**	몡 잠시, 잠깐; 순간		☐
560 **ever**	뿐 항상, 언제나	☐	573 **soon**	뿐 곧; 빨리		☐
561 **then**	뿐 그 다음에; 그러면; 그때	☐	574 **follow**	동 ~의 다음에 오다; 따르다		☐
562 **final**	형 마지막의	☐	575 **during**	전 ~ 동안		☐
563 **last**	한 지난; 최후의 뿐 최근에 동 지속하다	☐				

외우지 않은 단어가 있으면 미니 단어장에서 다시 한번 정리해 보세요.

방향, 위치

📖 오늘 학습할 단어를 공부하고, 가리개를 사용해서 암기해 보세요.

---

576 **east** [iːst]

명 동쪽 형 동쪽에 있는 부 동쪽으로

I went to the **east** to find more fish.

교과서 나는 물고기를 더 찾기 위해 **동쪽**으로 갔다.

---

577 **west** [west]

명 서쪽 형 서쪽에 있는 부 서쪽으로

The sun sinks in the **west**.

태양은 **서쪽**으로 진다.

---

578 **south** [sauθ]

명 남쪽 형 남쪽에 있는 부 남쪽으로

The wind blows from the **south**.

바람이 **남쪽**에서 분다.

---

579 **north** [nɔːrθ]

명 북쪽 형 북쪽에 있는 부 북쪽으로

It's cold in the **north**.

북쪽은 춥다.

---

580 **near** [niər]

형 가까운 전 ~에서 가까이에

A bookstore is **near** here. 교과서

서점이 이곳에서 **가까이에** 있다.

---

581 **far** [fɑːr]

부 멀리; 대단히 형 먼

I live **far** from school. 교과서

나는 학교에서 **멀리** 산다.

---

582 **left** [left]

명 왼쪽 형 왼쪽의 부 왼쪽으로

Hold your **left** arm out. 교과서

당신의 **왼쪽** 팔을 바깥으로 내미세요.

---

583 **right** [rait]

명 오른쪽 형 오른쪽의 부 오른쪽으로

The bank is on your **right**. 성취도

은행은 당신의 **오른쪽**에 있다.

(Communication)
584 **straight** [streit]

부 똑바로 형 곧은

Go **straight** down to Maple Street.

교과서 Maple 가까지 **똑바로** 내려가세요.

💬 **Communication** 길 묻고 답하기

A Is there a post office near here?
(이 주변에 우체국이 있나요?)

B Yes. Go **straight** and turn left at the corner.
(네. 똑바로 가다가 모퉁이에서 좌회전하세요.)

585 **through** [θruː]

(전) ~을 통과해, ~사이로
I'll take you **through** my farm. 수능
내가 내 농장을 **통과해** 너를 데려다 줄 것이다.

586 **beyond** [bijánd]

(전) (능력·한계 등을) 넘어서는; ~의 저쪽에
Her goal was still **beyond** her reach.
수능 그녀의 목표는 여전히 그녀의 범위를 **넘어서는**
곳에 있었다.

587 **above** [əbʌ́v]

(부) 위에 (전) ~보다 위로
Look at the picture **above**. 교과서
위에 있는 그림을 보세요.

588 **over** [óuvər] (Voca Tip)

(전) ~위로, ~위에 (부) 너머; ~이상
The ball flies **over** her head. 교과서
공은 그녀의 머리 **위로** 날아간다.

589 **side** [said]

(명) 옆면; 쪽
Dogs have eyes on the **sides** of their heads. 교과서
개들의 눈은 그들의 머리 **옆면**에 있다.

590 **inside** [insáid]

(부) 안에서 (명) 안쪽 (전) ~의 안에
You must not eat **inside**. 교과서
당신은 **안에서** 먹으면 안 됩니다.

591 **outside** [àutsáid]

(부) 밖에서 (명) 바깥쪽 (전) ~의 바깥에
He stayed **outside** and watched the stars. 교과서
그는 **밖에** 머무르며 별을 봤다.

592 **middle** [mídl] 숙어

(명) 중앙 (형) 가운데의
There's a lake in the **middle**.
중앙에 호수 하나가 있다.

 Voca Tip above vs over

above ☞ 어떤 기준점보다 더 높은 위치나 지역을 가리킬
때 일반적으로 씀
over ☞ 사람이나 사물이 움직임으로 인해 어딘가에 닿거
나 덮어서 위에 지나가는 느낌으로 씀

숙어 in the middle of: ~ 중앙에, ~ 도중에

· He's standing **in the middle of** the room.
(그는 방 중앙에 서 있다.)
· She shouted **in the middle of** the meeting.
(그녀는 회의 도중에 소리쳤다.)

593 low [lou]

(부) 낮게, 아래로 (형) 낮은; 기운이 없는

Do birds fly **low** before rain? 교과서

새들은 비가 오기 전에 **낮게** 나는가?

594 top [tɑp]

(명) 꼭대기; 윗면; 최고

The lake is on **top** of the mountain.

교과서 그 호수는 산의 **꼭대기**에 있다.

595 around [əráund]

(부) 이리저리; 사방에서 (전) 주위에

Don't play **around** in the street. 교과서

도로에서 **이리저리** 놀지 마세요.

596 center [séntər]

(명) 중심; 가운데; 종합 시설

Earth isn't the **center** of the universe.

교과서 지구는 우주의 **중심**이 아니다.

▶ a community **center** 문화 센터

문화 Culture center? centre?

미국과 영국에서는 같은 단어인데도 철자를 다르게 쓰는 경우가 있어요. -er과 -re로 끝나는 단어들은 미국 영어와 영국 영어를 구분하는 대표적인 단어들이지요. 미국에서는 center라고 쓰지만, 영국에서는 centre라고 씁니다. 두 단어의 철자만 다를 뿐 발음은 같음에 유의하세요.

597 corner [kɔ́ːrnər]

(명) 구석; 모퉁이, 모서리

My father washed every **corner** of the car. 교과서

나의 아버지는 차의 모든 **구석**을 닦았다.

598 ahead [əhéd]

(부) 앞에, 앞으로

He's **ahead** of the other players. 교과서

그는 다른 선수들 **앞에** 있다.

599 back [bæk]

(명) 뒤쪽; 등(뼈) (부) 뒤로

Sit in the **back** of the taxi. 듣기

택시의 **뒤쪽**에 앉으세요.

▶ break one's **back** 등뼈가 부러지다

학교시험

600 front [frʌnt]

(명) 앞 (형) 앞의

Let's meet in **front** of the city hall. 교과서

시청 **앞**에서 만납시다.

학교시험 관용어구 in front of

Q 괄호 안에 알맞은 것을 고르시오.

Stand in (before / front) of the mirror.

↳ in front of는 '~ 앞에'라는 의미이다.

답 front

01 go to the _____ 동쪽으로 가다

east   east

02 sink in the _____ 서쪽으로 지다

west

03 blow from the _____ 남쪽에서 불다

south

04 be cold in the _____ 북쪽은 춥다

north

05 be _____ here 이곳에서 가까이에 있다

near

06 _____ from school 학교에서 먼

far

07 your _____ arm 네 왼쪽 팔

left

08 be on your _____ 네 오른쪽에 있다

right

09 go _____ 똑바로 가다

straight

10 take you _____ my farm
    내 농장을 통과해 너를 데려다주다

through

11 _____ her reach 그녀의 범위를 넘어서는

beyond

12 the picture _____ 위에 있는 그림

above

13 _____ her head 그녀의 머리 위로

over

14 on the _____s 옆면에   side

15 _____ the house 집 안에서   inside

16 stay _____ 밖에서 머물다   outside

17 be in the _____ 중앙에 있다   middle

18 fly _____ 낮게 날다   low

19 on _____ of the mountain 산의 꼭대기에   top

20 play _____ in the street
도로에서 이리저리 놀다   around

21 the _____ of the universe 우주의 중심   center

22 wash _____s of the car 그 차의 구석들을 닦다   corner

23 be _____ of the other players
다른 선수들 앞에 있다   ahead

24 the _____ of the taxi 택시의 뒤쪽   back

25 meet in _____ of the city hall
시청 앞에서 만나다   front

		Check
576 **east**	명 동쪽 형 동쪽에 있는 부 동쪽으로	☐
577 **west**	명 서쪽 형 서쪽에 있는 부 서쪽으로	☐
578 **south**	명 남쪽 형 남쪽에 있는 부 남쪽으로	☐
579 **north**	명 북쪽 형 북쪽에 있는 부 북쪽으로	☐
580 **near**	형 가까운 전 ~에서 가까이에	☐
581 **far**	부 멀리; 대단히 형 먼	☐
582 **left**	명 왼쪽 형 왼쪽의 부 왼쪽으로	☐
583 **right**	명 오른쪽 형 오른쪽의 부 오른쪽으로	☐
584 **straight**	부 똑바로 형 곧은	☐
585 **through**	전 ~을 통과해, ~사이로	☐
586 **beyond**	전 넘어서는; ~의 저쪽에	☐
587 **above**	부 위에 전 ~보다 위로	☐
588 **over**	전 ~위로, ~위에 부 너머; ~이상	☐

		Check
589 **side**	명 옆면; 쪽	☐
590 **inside**	부 안에서 명 안쪽 전 ~의 안에	☐
591 **outside**	부 밖에서 명 바깥쪽 전 ~의 바깥에	☐
592 **middle**	명 중앙 형 가운데의	☐
593 **low**	부 낮게, 아래로 형 낮은; 기운이 없는	☐
594 **top**	명 꼭대기; 윗면; 최고	☐
595 **around**	부 이리저리; 사방에서 전 주위에	☐
596 **center**	명 중심; 가운데; 종합 시설	☐
597 **corner**	명 구석; 모퉁이, 모서리	☐
598 **ahead**	부 앞에, 앞으로	☐
599 **back**	명 뒤쪽; 등(뼈) 부 뒤로	☐
600 **front**	명 앞 형 앞의	☐

외우지 않은 단어가 있으면 미니 단어장에서 다시 한번 정리해 보세요.

Wrap Up

A 영어는 우리말로, 우리말은 영어로 쓰시오.

01 unique	_____	16 무거운	_____
02 evening	_____	17 쌍; 켤레	_____
03 square	_____	18 기간; 주기	_____
04 follow	_____	19 ~ 동안	_____
05 common	_____	20 벌써, 이미	_____
06 outside	_____	21 점	_____
07 circle	_____	22 주말	_____
08 right	_____	23 똑바로; 곧은	_____
09 empty	_____	24 1000; 수천의	_____
10 final	_____	25 왼쪽; 왼쪽의	_____
11 count	_____	26 과거; 지나간	_____
12 flat	_____	27 충분한; 충분히	_____
13 far	_____	28 삼각형	_____
14 a bit	_____	29 넘어서는; 저쪽에	_____
15 quite	_____	30 일찍; 이른	_____

B 우리말과 일치하도록 빈칸에 알맞은 단어를 쓰시오.

01 전화 번호   a phone _____

02 크고 둥근 눈   big _____ eyes

03 우주의 중심   the _____ of the universe

04 하루 전체를 보내다   spend the _____ day

05 여러 교회를 짓다   build _____ churches

06 그녀의 차례를 기다리다   wait for her _____

07 그 차의 구석들을 닦다   wash _____s of the car

08 100미터를 15초 안에 뛰다   run 100 meters in 15 _____s

C 밑줄 친 부분에 해당하는 우리말 해석을 찾아 밑줄을 치시오.

01 You must not eat <u>inside</u>.
   ⇨ 당신은 안에서 먹으면 안 됩니다.

02 There's <u>nothing</u> you can do.
   ⇨ 네가 할 수 있는 것은 아무것도 없다.

03 You should start living in the <u>present</u>.
   ⇨ 당신은 현재의 삶을 살기 시작해야 한다.

04 The water is so <u>deep</u> and blue.
   ⇨ 물이 매우 깊고 푸르다.

필수 단어 확인하기

01 시간과 관련된 단어가 <u>아닌</u> 것은? 🔗 DAY 17. 23

① hour   ② minute   ③ second

④ future   ⑤ matter

02 짝지어진 단어의 관계가 〈보기〉와 같지 <u>않은</u> 것은? 🔗 DAY 18. 20. 24

> ─〔보기〕─
> inside – outside

① front – back   ② tiny – huge

③ near – far   ④ master – review

⑤ correct – wrong

03 빈칸에 들어갈 말이 순서대로 짝지어진 것은? 🔗 DAY 17. 18. 19

> • They go on a picnic _____ bus.
> • We live in harmony _____ our nature.
> • She likes to major _____ science in college.

① by – for – on   ② by – with – in

③ for – with – on   ④ for – for – in

⑤ of – for – at

04 밑줄 친 부분의 쓰임이 어색한 것은? 🔗 DAY 17. 20. 21. 22

① Our <u>friendship</u> lasts forever.

② He knows about football very <u>well</u>.

③ We are <u>different from</u> each other.

④ There are <u>a little books</u> on the shelf.

⑤ There are <u>a number of monkeys</u> in the zoo.

☑ ANSWERS p.270

[05-06] 빈칸에 들어갈 말로 알맞은 것을 고르시오. 🔗 DAY 19. 20. 21

05

> Reduce your _____ when you go down the hill.

① gas   ② sign   ③ speed
④ block   ⑤ wheel

06

> We shared a _____ interest in art.

① flat   ② thick   ③ round
④ common   ⑤ colorful

07 우리말과 일치하도록 빈칸에 공통으로 들어갈 단어를 쓰시오. 🔗 DAY 23

> • 현재 상황이 더 나빠질 수 있다.
>   → The _____ situation could get worse.
> • 그녀는 나에게 생일 선물을 주었다.
>   → She gave me a birthday _____.

_____

08 우리말과 일치하도록 괄호 안에 단어를 이용하여 문장을 완성하시오. 🔗 DAY 18

> 그는 나와 그 문제에 대해 잠깐 이야기하고 싶어 했다. (have, word)

→ He wanted to _____ me about the matter.

여행

📖 오늘 학습할 단어를 공부하고, 가리개를 사용해서 암기해 보세요.

---

601 fly [flai]

(동) 날다; 비행기로 가다 (명) 파리

The birds **fly** high in the sky. 교과서
새들이 하늘 높이 **난다**.

▶ catch a fly 파리를 잡다

---

602 flight [flait]

(명) 항공편; 비행

Let's book the **flight** now. 수능
지금 **항공편**을 예약합시다.

---

603 airport [ɛərpɔ̀ːrt]

(명) 공항

Which **airport** should we arrive at? 수능
우리가 어느 **공항**에 도착해야 하나요?

---

604 passport [pǽspɔ̀ːrt]

(명) 여권

Every visitor needs a **passport**.
모든 방문객은 **여권**이 필요합니다.

---

605 crew [kruː]

(명) 승무원

A big ship and its **crew** were lost at sea.
큰 배 한 척과 **승무원**이 바다에서 행방불명이 되었다.

---

606 board [bɔːrd]

(동) (탈 것에) 올라타다 (명) 판자

He was the first to **board** the school bus. 수능
그는 학교 버스에 가장 먼저 **올라타는** 사람이었다.

▶ a board game 보드 게임

---

607 guide [gaid]

(동) 안내하다 (명) 안내인

We can **guide** visitors together. 교과서
우리는 함께 방문객들을 **안내할** 수 있다.

---

608 tourist [tú(ː)ərist]

(명) 관광객

Tourists eat traditional food in Insa-dong. 교과서
관광객들은 인사동에서 전통 음식을 먹는다.

(Communication)

609 vacation [veikéiʃən]

(명) 방학, 휴가

Summer **vacation** starts next week.
교과서 여름 **방학**이 다음 주에 시작된다.

💬 **Communication** 계획 묻고 답하기

A What are you going to do this summer **vacation**?
(당신은 이번 여름 방학에 무엇을 할 계획인가요?)
B I'm going to take a trip to Paris.
(저는 파리로 여행을 갈 계획입니다.)

610 route [ru:t]

(명) 경로, 노선

He took a different **route**.

그는 다른 **경로**로 갔다.

611 trip [trip]

(명) 여행

How was your family **trip**? 교과서

네 가족 **여행**은 어땠니?

▶▶ **take a trip** 여행하다

612 tour [tuər]

(동) 한 바퀴 돌다; 관광하다   (명) 관광

We will **tour** the museum at 11:00. 교과서

우리는 11시에 박물관을 **한 바퀴 돌아볼** 것이다.

⟨Voca Tip⟩ 613 travel [trǽvəl]

(동) 여행하다   (명) 여행

My family will **travel** to Gyeongju during the winter vacation. 듣기

우리 가족은 겨울 방학 동안 경주로 **여행을 갈** 것이다.

💡 **Voca Tip** trip ⓥ tour ⓥ travel

trip ☞ 기간이 비교적 짧은 여행

tour ☞ 여러 도시나 국가 등을 방문하는 관광 또는 여행

travel ☞ 대체적으로 긴 여정의 여행

614 depart [dipá:rt]

(동) 출발하다, 떠나다

When does the train **depart**?

기차는 언제 **출발하나요**?

615 arrive [əráiv]

(동) 도착하다

We **arrived** at Busan at noon. 교과서

우리는 낮 12시에 부산에 **도착했다**.

616 reach [ri:tʃ]

(동) 도착하다, 이르다

Who first **reached** the moon? 교과서

누가 처음 달에 **도착했나요**?

[숙어] 617 return [ritə́:rn]

(동) 돌아가다[오다]

It's time to **return** home.

집으로 **돌아갈** 시간이다.

✦ **숙어** in return: 답례로, 대가로

• They gave me a gift **in return**.

(그들은 답례로 나에게 선물을 주었다.)

• He is expecting something **in return**.

(그는 대가로 무엇인가를 기대하고 있다.)

618 away [əwéi]

(부) 멀리; 떨어져

Horses can ran **away** from their enemies. 교과서

말들은 적으로부터 **멀리** 도망칠 수 있다.

619 stay [stei]

(동) 머무르다 (명) 머무름

I **stayed** there for three days. 교과서

나는 그곳에서 3일 동안 **머물렀다.**

» **a long stay** 장기 체류

620 backpack [bǽkpæk]

(명) 배낭 (동) 배낭여행하다

She brings many things in her **backpack.** 교과서

그녀는 **배낭**에 많은 것들을 가지고 다닌다.

(Culture) 621 baggage [bǽgidʒ]

(명) 수하물; (여행용) 짐

I have your **baggage** check.

저는 당신의 **수하물표**를 가지고 있어요.

문화 Culture baggage? luggage?

미국에서는 여행용 짐을 baggage라고 합니다. 하지만 영국에서는 보통 luggage를 사용한답니다. 다만 부치는 짐이 아닌 승객이 기내로 가지고 들어가는 짐 가방에 대해서는 baggage를 쓰기도 한답니다. 또한 baggage는 '마음의 짐'이나 '정신적인 부담'의 의미로도 쓰이지만 luggage는 '물리적 형태가 있는 짐'만을 의미합니다. 두 단어 모두 셀 수 없는 명사로 단수 취급한다는 점에 유의하세요.

622 delay [diléi]

(명) 지연 (동) 미루다

We're very sorry for the **delay.** 성취도

지연되어 정말 죄송합니다.

623 memory [méməri]

(명) 추억, 기억(력)

I have good **memories** here.

나는 이곳에 좋은 **추억**이 있다.

» **have a bad memory** 기억력이 나쁘다

624 view [vju:]

(명) 경치; 견해 (동) 보다

Don't miss the amazing night **view.**

교과서 놀라운 밤**경치**를 놓치지 마세요.

» **in one's view** ~의 생각에

학교시험 625 abroad [əbrɔ́:d]

(부) 해외에서, 해외로

I'm planning to study **abroad.** 수능

나는 **해외에서** 공부할 계획이다.

학교시험 abroad vs. aboard

Q 괄호 안에 알맞은 것을 고르시오.

I'm going to New York to study (abroad / aboard).

↳ study abroad는 '유학하다'라는 뜻이다. aboard는 '탑승한'의 뜻이다.

답 abroad

01 _____ high   높이 날다

fly   *fly*

02 book the _____   항공편을 예약하다

flight

03 arrive at the _____   공항에 도착하다

airport

04 need a _____   여권이 필요하다

passport

05 ship _____   배 승무원

crew

06 _____ the school bus   학교 버스에 올라타다

board

07 _____ visitors together
함께 방문객들을 안내하다

guide

08 a foreign _____   외국인 관광객

tourist

09 summer _____   여름 방학

vacation

10 take a different _____   다른 경로로 가다

route

11 a family _____   가족 여행

trip

12 _____ the museum   박물관을 한 바퀴 돌다

tour

13 _____ to Gyeongju   경주로 여행을 가다

travel

14 _____ from Terminal 3   depart
3번 터미널에서 출발하다

15 _____ at Busan 부산에 도착하다   arrive

16 _____ the moon 달에 도착하다   reach

17 time to _____ home 집으로 돌아갈 시간   return

18 run _____ 멀리 도망치다   away

19 _____ there for three days   stay
그곳에서 3일 동안 머무르다

20 in her _____ 그녀의 배낭에   backpack

21 _____ check 수화물표   baggage

22 be sorry for the _____ 지연되어 죄송하다   delay

23 have a good _____ 기억력이 좋다   memory

24 the amazing _____ 놀라운 경치   view

25 plan to study _____ 해외에서 공부할 계획이다   abroad

			Check
601 **fly**	동 날다; 비행기로 가다 명 파리		☐
602 **flight**	명 항공편; 비행		☐
603 **airport**	명 공항		☐
604 **passport**	명 여권		☐
605 **crew**	명 승무원		☐
606 **board**	동 (탈 것에) 올라타다 명 판자		☐
607 **guide**	동 안내하다 명 안내인		☐
608 **tourist**	명 관광객		☐
609 **vacation**	명 방학, 휴가		☐
610 **route**	명 경로, 노선		☐
611 **trip**	명 여행		☐
612 **tour**	동 한 바퀴 돌다; 관광하다 명 관광		☐
613 **travel**	동 여행하다 명 여행		☐

			Check
614 **depart**	동 출발하다, 떠나다		☐
615 **arrive**	동 도착하다		☐
616 **reach**	동 도착하다, 이르다		☐
617 **return**	동 돌아가다[오다]		☐
618 **away**	부 멀리; 떨어져		☐
619 **stay**	동 머무르다 명 머무름		☐
620 **backpack**	명 배낭 동 배낭여행하다		☐
621 **baggage**	명 수하물; (여행용) 짐		☐
622 **delay**	명 지연 동 미루다		☐
623 **memory**	명 추억, 기억(력)		☐
624 **view**	명 경치; 견해 동 보다		☐
625 **abroad**	부 해외에서, 해외로		☐

외우지 않은 단어가 있으면 미니 단어장에서 다시 한번 정리해 보세요.

DAY 26

운동, 스포츠

듣고 발음을 익혀보자!

오늘 학습할 단어를 공부하고, 가리개를 사용해서 암기해 보세요.

626 **energy** [énərdʒi]

[명] 힘, 기력

You seem low on **energy**. [수능]

너는 **힘**이 없어 보인다.

627 **team** [tiːm]

[명] 팀

Let's start our own tennis **team**. [교과서]

우리만의 테니스 **팀**을 시작하자.

628 **training** [tréiniŋ]

[명] 훈련

Our **training** will begin tomorrow. [수능]

우리의 **훈련**은 내일 시작될 것이다.

629 **practice** [prǽktis]

[명] 연습 [동] 연습하다

How is your baseball **practice** going?

[교과서] 당신의 야구 **연습**은 어떻게 되어 가고 있어요?

630 **champion** [tʃǽmpiən]

[명] 챔피언, 우승자

You can become a world **champion**.

[교과서] 너는 세계 **챔피언**이 될 수 있다.

631 **jog** [dʒɑg]

[명] 조깅 [동] 조깅하다

He goes for a **jog** every morning.

그는 매일 아침 **조깅**하러 간다.

632 **climb** [klaim]

[동] 오르다; 등산을 가다 [명] 등반

I'm going to **climb** *Hallasan*. [교과서]

나는 한라산을 **오를** 것이다.

633 **baseball** [béisbɔ̀ːl]

[명] 야구; 야구공

I can't go to the **baseball** game. [성취도]

나는 **야구** 경기에 갈 수 없다.

Communication

634 **basketball** [bǽskitbɔ̀ːl]

[명] 농구; 농구공

She loves playing **basketball**. [교과서]

그녀는 **농구**하는 것을 정말 좋아한다.

Communication 잘하는 스포츠 묻고 답하기

A What sports are you good at?
(당신은 어떤 스포츠를 잘 하나요?)

B I'm good at **basketball**.
(저는 **농구**를 잘 합니다.)

635
match [mætʃ]

명 경기; 경쟁 상대 동 어울리다

There is a big soccer **match** between France and Spain. 교과서
프랑스와 스페인 간의 큰 축구 **경기**가 있다.

636
race [reis]

명 경주; 인종 동 경주하다, 경쟁하다

The rabbit was the winner of the **race**.
교과서 토끼가 **경주**의 우승자였다.

≫ the Mongolian race 몽고 인종

637
exercise [éksərsàiz]

동 운동하다; 연습하다 명 운동; 연습

I **exercise** every day to be healthy.
교과서 나는 건강하기 위해 매일 **운동한다**.

Voca Tip
638
sport [spɔːrt]

명 운동, 경기

I don't like winter **sports**. 교과서
나는 겨울 **운동**을 좋아하지 않는다.

639
cheer [tʃiər]

동 응원하다 명 응원; 환호

Every student **cheered** for their teacher. 교과서
모든 학생들은 그들의 선생님을 **응원했다**.

640
score [skɔːr]

동 득점하다 명 득점

My sister **scored** two goals. 교과서
나의 언니는 두 골을 **득점했다**.

641
defend [difénd]

동 지키다, 방어하다

Law can be used to **defend** yourself.
법은 네 스스로를 **지키기** 위해 쓰일 수 있다.

숙어
642
throw [θrou]

동 던지다 명 던지기

She **throws** the ball hard. 교과서
그녀는 공을 세게 **던진다**.

💡 **Voca Tip** exercise **vs** sport

exercise ☞ 건강해지거나 체력을 기르기 위해 하는 운동
sport ☞ 주로 정해진 규칙에 따라 특정한 장소에서 흥미를 위해 하는 운동 경기

 숙어 throw away: ~을 버리다[없애다]

• Don't **throw away** my old clothes.
(제 오래된 옷을 **버리지** 마세요.)
• You need to **throw away** your bad habits.
(너는 네 나쁜 버릇들을 **없앨** 필요가 있다.)

643 rule [ru:l]

(명) 규칙 (동) 통치하다
They follow the safety **rules**. 교과서
그들은 안전 **규칙**들을 따른다.
▶ **rule the country** 나라를 통치하다

644 prize [praiz]

(명) 상
He won the first **prize** at the dance contest. 듣기
그는 춤 대회에서 1등**상**을 탔다.

645 ready [rédi]

(형) 준비가 된
I guess lunch is **ready**. 교과서
내 생각에 점심이 **준비가 된** 것 같다.

646 football [fútbɔ̀:l]

(Culture)
(명) 축구; 축구공
The **football** game starts soon.
축구 경기가 곧 시작된다.

문화 Culture football은 축구? 미식축구?

축구라고 하면 우리에게 더 익숙한 soccer라는 단어가 있는데요. 미국에서는 보통 football은 길쭉하고 뾰족한 미식축구 공을 가지고, 헬멧을 포함한 보호장구를 갖추고 하는 미식축구를 의미하고, soccer가 우리에게 익숙한 축구를 의미합니다. 하지만 영국이나 유럽에서는 축구를 football이라고 부른답니다. soccer는 잘 사용하지 않아요!

647 field [fi:ld]

(명) 경기장; 들판; 분야
We made a soccer **field**. 교과서
우리는 축구 **경기장**을 만들었다.
▶ **in the field of art** 예술 분야에서

648 gym [dʒim]

(명) 체육관
Let's play basketball in the **gym**. 교과서
체육관에서 농구하자.

649 lose [lu:z]

(동) 지다; 잃다
He doesn't want to **lose** the race.
그는 경주에서 **지고** 싶지 않다.
▶ **lose one's life** 목숨을 잃다

650 win [win]

학교시험
(동) 이기다; (경기 등에서 이겨 무언가를) 따다
They didn't **win** any game. 교과서
그들은 어떤 경기에서도 **이기지** 못했다.

학교시험 관용어구 win the prize

Q 괄호 안에 알맞은 것을 고르시오.

He (won / beat) the first prize in the speech contest.

↳ '상을 타다'라고 할 때에는 동사 win을 쓴다. beat은 '(누군가를) 이기다'라는 뜻이다.
답 won

운동, 스포츠
Use Words

빈칸을 채우며 단어를 외우고, 쓰면서 한 번 더 익히세요.

01 low on _____ 힘이 없는

energy   energy

02 our own tennis _____ 우리만의 테니스 팀

team

03 begin _____ 훈련을 시작하다

training

04 baseball _____ 야구 연습

practice

05 become a world _____ 세계 챔피언이 되다

champion

06 go for a _____ 조깅하러 가다

jog

07 _____ *Hallasan* 한라산을 오르다

climb

08 the _____ game 야구 경기

baseball

09 love playing _____
농구하는 것을 정말 좋아하다

basketball

10 a soccer _____ 축구 경기

match

11 the winner of the _____ 경주의 우승자

race

12 _____ every day 매일 운동하다

exercise

13 like winter _____s 겨울 운동을 좋아하다

sport

14 _____ for their teacher   cheer
그들의 선생님을 응원하다

15 _____ two goals 두 골을 득점하다   score

16 be used to _____ yourself   defend
네 스스로를 지키기 위해 쓰이다

17 _____ the ball 공을 던지다   throw

18 the safety _____s 안전 규칙들   rule

19 win the first _____ 1등상을 타다   prize

20 _____ for lunch 점심이 준비가 된   ready

21 the _____ game 축구 경기   football

22 a soccer _____ 축구 경기장   field

23 play basketball in the _____   gym
체육관에서 농구하다

24 _____ the race 경주에서 지다   lose

25 _____ a game 경기에 이기다   win

DAY
26

운동, 스포츠

3-Minute Check

오늘 학습한 단어와 뜻을
최종적으로 암기했는지 확인하세요!

		Check
626 **energy**	몡 힘, 기력	
627 **team**	몡 팀	
628 **training**	몡 훈련	
629 **practice**	몡 연습 통 연습하다	
630 **champion**	몡 챔피언, 우승자	
631 **jog**	몡 조깅 통 조깅하다	
632 **climb**	통 오르다; 등산을 가다 몡 등반	
633 **baseball**	몡 야구; 야구공	
634 **basketball**	몡 농구; 농구공	
635 **match**	몡 경기; 경쟁 상대 통 어울리다	
636 **race**	몡 경주; 인종 통 경주하다, 경쟁하다	
637 **exercise**	통 운동하다; 연습하다 몡 운동; 연습	
638 **sport**	몡 운동, 경기	

		Check
639 **cheer**	통 응원하다 몡 응원; 환호	
640 **score**	통 득점하다 몡 득점	
641 **defend**	통 지키다, 방어하다	
642 **throw**	통 던지다 몡 던지기	
643 **rule**	몡 규칙 통 통치하다	
644 **prize**	몡 상	
645 **ready**	혱 준비가 된	
646 **football**	몡 축구; 축구공	
647 **field**	몡 경기장; 들판; 분야	
648 **gym**	몡 체육관	
649 **lose**	통 지다; 잃다	
650 **win**	통 이기다; 따다	

외우지 않은 단어가 있으면 미니 단어장에서 다시 한번 정리해 보세요.

DAY 27 행사, 야외 활동

📖 오늘 학습할 단어를 공부하고, 가리개를 사용해서 암기해 보세요.

---

651 event [ivént]
⬜⬜

® 행사; 사건

Let's enjoy other fun **events**. 듣기

다른 재미있는 **행사**들을 즐겨 보자.

---

652 activity [æktívəti]
⬜⬜

® 활동

What did students do in the **activity**?

수능 그 **활동**에서 학생들은 무엇을 했습니까?

---

653 party [pá:rti]
⬜⬜

® 파티

She throws a surprise **party** for him.

교과서 그녀는 그를 위해 깜짝 **파티**를 연다.

---

654 balloon [bəlú:n]
⬜⬜

® 풍선

What do you think about the **balloons**?

수능 당신은 그 **풍선**들에 대해 어떻게 생각하나요?

---

655 decorate [dékərèit]
⬜⬜

® 장식하다

He **decorates** the Christmas tree. 수능

그는 크리스마스트리를 **장식한다**.

---

656 invite [inváit]
⬜⬜

® 초대하다

Invite your parents and teachers. 교과서

당신의 부모님과 선생님들을 **초대하세요**.

---

657 visit [vízit]
⬜⬜

® 방문하다 ® 방문

Everyone should **visit** this restaurant at least once. 성취도

모두가 이 식당을 적어도 한 번은 **방문해야** 한다.

---

658 congratulate [kəngrǽtʃəlèit]
⬜⬜

® 축하하다; 기뻐하다

I'll call her to **congratulate** her. 듣기

나는 **축하하기** 위해 그녀에게 전화할 것이다.

---

659 special [spéʃəl]
⬜⬜

® 특별한

Today is a **special** day for me. 교과서

오늘은 나에게 **특별한** 날이다.

💬 **Communication** 특별한 점 묻기

A What's **special** about the camping?
(그 캠핑에 뭐 **특별한** 점이 있나요?)

B Students around the world will join the camp.
(전 세계의 학생들이 그 캠핑에 참여할 거래요.)

05   10   15

660 staff [stæf]

뗑 직원

I'll bring some food for the radio show **staff**. 수능

내가 라디오 쇼 **직원**들을 위해 음식을 좀 가져올 것이다.

661 program [próugræm]

뗑 프로그램 뙹 프로그램을 짜다

We watched Korean TV **programs**.

교과서 우리는 한국 TV **프로그램**들을 보았다.

662 fair [fɛər]

뗑 전시회, 박람회; 축제 마당 혱 공정한

Do you want to go to the book **fair**?

교과서 너는 도서 **전시회**에 가길 원하니?

▶▶ a fair play 공정한 경기

(Voca Tip)

663 festival [féstəvəl]

뗑 축제

She is practicing for the school **festival**.

교과서 그녀는 학교 **축제**를 위해 연습하고 있다.

664 line [lain]

뙹 선, 줄 뙹 ~을 따라 줄을 세우다

Stand behind the yellow **line**. 교과서

노란색 **선** 뒤에 서세요.

665 firework [fáiərwə̀:rk]

뗑 불꽃놀이; 폭죽

Let's see the **firework** tonight. 듣기

오늘밤 **불꽃놀이**를 봅시다.

666 camping [kǽmpiŋ]

뗑 야영, 캠핑

I go **camping** at Han river with my family. 교과서

나는 가족과 함께 한강으로 **야영**을 간다.

[숙어]

667 picnic [píknik]

뗑 소풍

He went on a **picnic** on a fine day. 교과서

그는 맑은 날에 **소풍**을 갔다.

💡 **Voca Tip** fair ⓥ festival

fair ☞ 물건을 사고 팔 수 있는 시장과 축제장이 혼합된 것을 의미함

festival ☞ 기념일이나 특별한 행사를 축하하기 위한 축제를 의미함

💡 숙어 go on[for] a picnic: 소풍가다

• Let's **go on a picnic** tomorrow.
(내일 소풍가자.)

• They didn't **go for a picnic** because of the weather.
(그들은 날씨 때문에 소풍을 가지 않았다.)

668 **concert** [kánsə(:)rt]

(명) 연주회, 콘서트

They had a small **concert**. 교과서

그들은 작은 **연주회**를 열었다.

669 **contest** [kántest]

(명) 대회, 시합

She performs in a dance **contest**. 교과서

그녀는 춤 **대회**에서 공연한다.

670 **aquarium** [əkwɛ́(ː)əriəm]

(명) 수족관

I'm going to visit an **aquarium**. 수능

나는 **수족관**을 방문할 것이다.

(Culture)
671 **hiking** [háikiŋ]

(명) 도보 여행, 하이킹

They're going to go **hiking**. 교과서

그들은 **도보 여행**을 갈 예정이다.

문화 Culture hiking? walking?

미국에서 하이킹(hiking)이라고 하면 험준한 지역을 걷는 것을 의미하지만, 영국에서는 험준한 지역이든 평평한 산책길이든 걷는 것은 모두 워킹(walking)이라고 한답니다. 험준한 지역을 걷는 것은 hillwalking이라고 부르기도 하지요. 미국에서 워킹은 특히 도시에서 짧게 걷는 것을 의미합니다.

672 **playground** [pléigràund]

(명) 운동장, 놀이터

Come to the **playground** after school.

교과서 방과 후에 **운동장**으로 오세요.

673 **slide** [slaid]

(명) 미끄럼틀; 미끄러짐 (동) 미끄러지다

Children went down the **slide**.

아이들이 **미끄럼틀**을 타고 내려갔다.

674 **swing** [swiŋ]

(명) 그네; 흔들기 (동) 흔들다

Kids are playing on the **swings**.

아이들이 **그네**를 타며 놀고 있다.

▸ **swing one's legs** 다리를 흔들다

학교시험
675 **outdoor** [áutdɔ̀ːr]

(형) 야외의

You can enjoy **outdoor** exercise. 듣기

너는 **야외의** 운동을 즐길 수 있다.

학교시험 outdoor *vs.* outdoors

Q 괄호 안에 알맞은 것을 고르시오.

There's an (**outdoor** / **outdoors**) swimming pool.

↳ outdoor은 형용사이고, outdoors는 부사이다.

 답 outdoor

DAY 27 행사, 야외 활동 Use Words

빈칸을 채우며 단어를 외우고, 쓰면서 한 번 더 익히세요.

01 enjoy fun _____s 재미있는 행사들을 즐기다 — event *event*

02 do the _____ 활동을 하다 — activity

03 throw a _____ 파티를 열다 — party

04 blow up a _____ 풍선을 불다 — balloon

05 _____ the Christmas tree 크리스마스트리를 장식하다 — decorate

06 _____ your parents 당신의 부모님을 초대하다 — invite

07 _____ a restaurant 식당을 방문하다 — visit

08 a call to _____ her 그녀를 축하하는 전화 — congratulate

09 a _____ day 특별한 날 — special

10 the radio show _____ 라디오 쇼 직원들 — staff

11 watch TV _____s TV 프로그램들을 보다 — program

12 go to the book _____ 도서 전시회에 가다 — fair

13 the school _____ 학교 축제 — festival

192 • 중등수능 기본

14 behind the yellow _____ 노란색 선 뒤에   line

15 see the _____ 불꽃놀이를 보다   firework

16 go _____ at Han river   camping
한강으로 야영을 가다

17 go on a _____ 소풍을 가다   picnic

18 have a _____ 연주회를 열다   concert

19 a dance _____ 춤 대회   contest

20 visit an _____ 수족관을 방문하다   aquarium

21 go _____ 도보 여행을 가다   hiking

22 come to the _____ 운동장으로 오다   playground

23 go down the _____ 미끄럼틀을 타고 내려가다   slide

24 play on the _____s 그네를 타며 놀다   swing

25 enjoy _____ exercise 야외의 운동을 즐기다   outdoor

		Check
651 **event**	명 행사; 사건	☐
652 **activity**	명 활동	☐
653 **party**	명 파티	☐
654 **balloon**	명 풍선	☐
655 **decorate**	동 장식하다	☐
656 **invite**	동 초대하다	☐
657 **visit**	동 방문하다 / 명 방문	☐
658 **congratulate**	동 축하하다; 기뻐하다	☐
659 **special**	형 특별한	☐
660 **staff**	명 직원	☐
661 **program**	명 프로그램 / 동 프로그램을 짜다	☐
662 **fair**	명 전시회, 박람회; 축제 마당 / 형 공정한	☐
663 **festival**	명 축제	☐

		Check
664 **line**	명 선, 줄 / 동 ~을 따라 줄을 세우다	☐
665 **firework**	명 불꽃놀이; 폭죽	☐
666 **camping**	명 야영, 캠핑	☐
667 **picnic**	명 소풍	☐
668 **concert**	명 연주회, 콘서트	☐
669 **contest**	명 대회, 시합	☐
670 **aquarium**	명 수족관	☐
671 **hiking**	명 도보 여행, 하이킹	☐
672 **playground**	명 운동장, 놀이터	☐
673 **slide**	명 미끄럼틀; 미끄러짐 / 동 미끄러지다	☐
674 **swing**	명 그네; 흔들기 / 동 흔들다	☐
675 **outdoor**	형 야외의	☐

외우지 않은 단어가 있으면 미니 단어장에서 다시 한번 정리해 보세요.

DAY 28 취미, 여가

📖 오늘 학습할 단어를 공부하고, 가리개를 사용해서 암기해 보세요.

676 **hobby** [hábi]

(명) 취미

Bowling is my new **hobby**. 교과서
볼링은 나의 새로운 **취미**이다.

677 **band** [bænd]

(명) 밴드, 악단; 끈

We'll make a school **band**. 교과서
우리는 학교 **밴드**를 만들 것이다.

➡ tie one's hair in a band 끈으로 머리를 묶다

678 **join** [dʒɔin]

(동) 가입하다; 연결하다

Why don't you **join** a book club? 교과서
독서 동아리에 **가입하는** 게 어때요?

➡ join the two pieces of wood
나무 두 조각을 연결하다

679 **song** [sɔ(:)ŋ]

(명) 노래

This **song** sounds really happy. 교과서
이 **노래**는 정말 행복하게 들린다.

680 **drum** [drʌm]

(명) 드럼; 북 (동) 드럼[북]을 치다

I'll let you know how to play **drums**.
나는 네게 **드럼** 치는 법을 알려 줄게.

681 **paint** [peint]

(동) 페인트를 칠하다; 그리다 (명) 페인트

Who **painted** the school wall? 교과서
누가 학교 벽을 **페인트칠했습니까**?

682 **cartoon** [kɑːrtúːn]

(명) 만화

She draws **cartoons** very well. 교과서
그녀는 **만화**를 아주 잘 그린다.

683 **picture** [píktʃər]

(명) 사진; 그림

She's taking **pictures** of flowers. 교과서
그녀는 꽃 **사진**을 찍고 있다.

(Communication)
684 **favorite** [féivərit]

(형) 가장 좋아하는 (명) 좋아하는 사람[물건]

I named my dog after my **favorite**
singer. 성취도
나는 내가 **가장 좋아하는** 가수의 이름을 따서 내 개의
이름을 지었다.

💬 **Communication** 좋아하는 활동 묻고 답하기

A What's your **favorite** activity?
(당신이 가장 좋아하는 활동은 무엇인가요?)
B My **favorite** is reading cartoon books.
(제가 가장 좋아하는 것은 만화책 읽기입니다.)

685 magazine [mǽɡəzíːn]

(명) 잡지
We'll make a school **magazine**. 교과서
우리는 학교 **잡지**를 만들 것이다.

686 game [ɡeim]

(명) 게임, 경기, 시합
We want to play a board **game**. 교과서
우리는 보드 **게임**을 하고 싶다.

687 film [film]

(동) 촬영하다 (명) 영화; 필름
Let's **film** the scene here. 교과서
이곳에서 그 장면을 **촬영합시다**.

(Voca Tip)
688 movie [múːvi]

(명) 영화
She watches a **movie** at home. 교과서
그녀는 집에서 **영화**를 본다.

689 holiday [hálədèi]

(명) 휴일; 휴가
Thanksgiving is a big **holiday** in the U.S. 교과서
추수감사절은 미국에서 큰 **휴일**이다.

690 adventure [ədvéntʃər]

(명) 모험
The book is about his long **adventures**.
교과서 그 책은 그의 긴 **모험**에 관한 것이다.

691 pleasure [pléʒər]

(명) 기쁨; 기쁜 일
It was my great **pleasure**. 듣기
그것은 나에게 큰 **기쁨**이었다.

[숙어]
692 interest [íntərist]

(명) 관심사; 관심, 흥미
Art became his main **interest**. 수능
예술은 그의 주요 **관심사**가 되었다.

💡 **Voca Tip** film vs movie
film ☞ 영국에서 많이 쓰이며, 오락성보다 작품성이 있는 영화를 가리킴
movie ☞ 미국에서 많이 쓰이며, 일반적으로 모든 장르의 영화를 가리킴

💡 **숙어** have an interest in: ~에 흥미가 있다
• I have an interest in music.
  (나는 음악에 흥미가 있다.)
• She has an interest in learning Chinese.
  (그녀는 중국어 배우는 데 흥미가 있다.)

693 **magic** [mǽdʒik]

(명) 마법, 마술

The cook is holding a **magic** spoon.

교과서 그 요리사는 **마법** 숟가락을 들고 있다.

694 **trick** [trik]

(명) 마술; 속임수

Let's learn some card **tricks**. 교과서

카드 **마술**을 좀 배워 봅시다.

695 **dance** [dæns]

(명) 춤　(동) 춤을 추다

Let's try the mask **dance**. 교과서

탈**춤**을 춰 봅시다.

(Culture) 696 **theater** [θí(ː)ətər]

(명) 극장

You should not eat in the **theater**. 교과서

극장 안에서 먹지 말아야 한다.

문화 Culture theater? cinema?

영화관을 미국에서는 movie theater라고 하지만, 영국에서는 cinema라고 한답니다. 미국에서 cinema라고 하면 영화관보다는 영화 자체를 가리키지요. 미국 영어 theater와 철자가 살짝 다른 영국 영어 theatre는 연극이나 공연을 위한 극장이나 공연장이라는 의미를 나타냅니다.

697 **fishing** [fíʃiŋ]

(명) 낚시; 어업

They tied an old **fishing** boat. 교과서

그들은 오래된 **낚시**용 배를 묶었다.

698 **collect** [kəlékt]

(동) 모으다, 수집하다

I **collect** coupons these days. 교과서

나는 요즘 쿠폰을 **모은다**.

699 **knit** [nit]

(동) 뜨개질하다　(명) 니트

I'll **knit** a warm scarf for her.

나는 그녀를 위해 따뜻한 목도리를 **뜨개질할** 것이다.

학교시험
700 **glove** [glʌv]

(명) 장갑

Don't forget your goalkeeper **gloves**.

교과서 당신의 골키퍼 **장갑**을 잊지 마세요.

학교시험 짝이 있는 명사

Q 괄호 안에 알맞은 것을 고르시오.

I bought a pair of (glove / gloves).

↳ a pair of는 '켤레'라는 의미로, 뒤에 오는 명사는 항상 복수형으로 쓴다.

답 gloves

01 my new _____ 나의 새로운 취미   hobby   *hobby*

02 make a school _____ 학교 밴드를 만들다   band

03 _____ a book club 독서 동아리에 가입하다   join

04 sing a _____ 노래를 부르다   song

05 how to play _____s 드럼 치는 법   drum

06 _____ the wall 벽을 페인트칠하다   paint

07 draw _____s 만화를 그리다   cartoon

08 take a _____ of flowers 꽃 사진을 찍다   picture

09 my _____ singer 내가 가장 좋아하는 가수   favorite

10 a school _____ 학교 잡지   magazine

11 play a board _____ 보드 게임을 하다   game

12 _____ the scene 그 장면을 촬영하다   film

13 watch a _____ 영화를 보다   movie

14 a big _____ 큰 휴일

holiday

15 his long _____ 그의 긴 모험

adventure

16 my great _____ 나의 큰 기쁨

pleasure

17 become his main _____
그의 주요 관심사가 되다

interest

18 hold a _____ spoon 마법 숟가락을 들다

magic

19 learn card _____s 카드 마술을 배우다

trick

20 try the mask _____ 탈춤을 춰 보다

dance

21 eat in the _____ 극장 안에서 먹다

theater

22 tie an _____ boat 낚시용 배를 묶다

fishing

23 _____ coupons 쿠폰을 모으다

collect

24 _____ a scarf 목도리를 뜨개질하다

knit

25 goalkeeper _____s 골키퍼 장갑

glove

취미, 여가
3-Minute Check

오늘 학습한 단어와 뜻을
최종적으로 암기했는지 확인하세요!

		Check
676 **hobby**	몡 취미	☐
677 **band**	몡 밴드, 악단; 끈	☐
678 **join**	통 가입하다; 연결하다	☐
679 **song**	몡 노래	☐
680 **drum**	몡 드럼; 북 통 드럼[북]을 치다	☐
681 **paint**	통 페인트를 칠하다; 그리다 몡 페인트	☐
682 **cartoon**	몡 만화	☐
683 **picture**	몡 사진; 그림	☐
684 **favorite**	혱 가장 좋아하는 몡 좋아하는 사람[물건]	☐
685 **magazine**	몡 잡지	☐
686 **game**	몡 게임, 경기, 시합	☐
687 **film**	통 촬영하다 몡 영화; 필름	☐
688 **movie**	몡 영화	☐

		Check
689 **holiday**	몡 휴일; 휴가	☐
690 **adventure**	몡 모험	☐
691 **pleasure**	몡 기쁨; 기쁜 일	☐
692 **interest**	몡 관심사; 관심, 흥미	☐
693 **magic**	몡 마법, 마술	☐
694 **trick**	몡 마술; 속임수	☐
695 **dance**	몡 춤 통 춤을 추다	☐
696 **theater**	몡 극장	☐
697 **fishing**	몡 낚시; 어업	☐
698 **collect**	통 모으다, 수집하다	☐
699 **knit**	통 뜨개질하다 몡 니트	☐
700 **glove**	몡 장갑	☐

외우지 않은 단어가 있으면 **미니 단어장**에서 다시 한번 정리해 보세요.

Wrap Up

A 영어는 우리말로, 우리말은 영어로 쓰시오.

01 score _____

02 holiday _____

03 reach _____

04 join _____

05 gym _____

06 collect _____

07 baggage _____

08 decorate _____

09 field _____

10 outdoor _____

11 abroad _____

12 cartoon _____

13 festival _____

14 depart _____

15 invite _____

16 운동장, 놀이터 _____

17 공항 _____

18 조깅; 조깅하다 _____

19 수족관 _____

20 안내하다; 안내인 _____

21 오르다; 등반 _____

22 불꽃놀이; 폭죽 _____

23 지키다, 방어하다 _____

24 축하하다 _____

25 지연; 미루다 _____

26 모험 _____

27 장갑 _____

28 머무르다; 머무름 _____

29 마법, 마술 _____

30 던지다; 던지기 _____

B 우리말과 일치하도록 빈칸에 알맞은 단어를 쓰시오.

01 안전 규칙들   the safety _____s

02 소풍을 가다   go on a _____

03 야구 연습   baseball _____

04 학교 잡지   a school _____

05 여권이 필요하다   need a _____

06 식당을 방문하다   _____ a restaurant

07 나의 큰 기쁨   my great _____

08 그의 주요 관심사가 되다   become his main _____

C 밑줄 친 부분에 해당하는 우리말 해석을 찾아 밑줄을 치시오.

01 He took a different route.
⇨ 그는 다른 경로로 갔다.

02 Children went down the slide.
⇨ 아이들이 미끄럼틀을 타고 내려갔다.

03 What did students do in the activity?
⇨ 그 활동에서 학생들은 무엇을 했습니까?

04 Every student cheered for their teacher.
⇨ 모든 학생들은 그들의 선생님을 응원했다.

DAY 29

예술, 문화

📖 오늘 학습할 단어를 공부하고, 가리개를 사용해서 암기해 보세요.

---

701 **art** [ɑːrt]
⬜⬜

(명) 예술, 미술

We'll learn how mathematics is used in the **arts**. 수능

우리는 수학이 **예술**에서 어떻게 사용되는지에 대해 배울 것이다.

---

702 **drama** [drɑ́ːmə]
⬜⬜

(명) 드라마, 연극

We watch Korean **dramas** together.

교과서 우리는 함께 한국 **드라마**를 본다.

---

703 **story** [stɔ́ːri]
⬜⬜

(명) 이야기

The Little Prince is a **story** from France.

교과서 〈어린 왕자〉는 프랑스에서 비롯된 **이야기**이다.

---

704 **stage** [steidʒ]
⬜⬜

(명) 무대; 단계

He'll do fine on **stage**. 교과서

그는 **무대** 위에서 잘 할 것이다.

▶ **an early stage** 초기 단계

---

705 **act** [ækt]
⬜⬜

(동) 연기하다; 행동하다 (명) 행동

He **acts** Hamlet in the play.

그는 연극에서 Hamlet을 **연기한다**.

---

706 **sing** [siŋ]
⬜⬜

(동) 노래하다

Why don't we **sing** for her at the wedding? 듣기

결혼식에서 그녀를 위해 **노래하는** 게 어때요?

---

707 **rhythm** [ríðəm]
⬜⬜

(명) 리듬; 주기

We are playing in quick **rhythm**.

우리는 빠른 **리듬**에 맞춰 연주하고 있다.

---

708 **instrument** [ínstrəmənt]
⬜⬜

(명) 악기; 기구

You can sing, dance and play **instrument** in the show. 성취도

당신은 쇼에서 노래하고, 춤추고, **악기**를 연주할 수 있다.

(Communication)

709 **music** [mjúːzik]
⬜⬜

(명) 음악

He's really into **music** these days. 교과서

그는 요즘 **음악**을 정말 좋아한다.

💬 **Communication** 관심 묻고 답하기

A What are you interested in?
(당신은 무엇에 관심이 있나요?)

B I'm interested in **music**.
(저는 **음악**에 관심이 있습니다.)

05   10   15

710 brush [brʌʃ]

명 붓 동 빗다; 닦다

I apply the paint with a **brush**.

나는 **붓**으로 물감을 칠한다.

» **brush teeth** 양치질하다

714 statue [stǽtʃuː]

명 (조각)상

France gave the U.S. the **Statue** of Liberty. 교과서

프랑스는 미국에게 자유의 여신**상**을 주었다.

711 poster [póustər]

명 포스터, 벽보

She put up **posters** of her favorite singer.

그녀는 그녀가 가장 좋아하는 가수의 **포스터**를 붙였다.

715 excellent [éksələnt]

형 훌륭한

He made me an **excellent** meal.

그는 나에게 **훌륭한** 식사를 만들어 주었다.

712 draw [drɔː]

동 그리다; 끌다 명 제비뽑기

I **draw** a picture for my art class. 성취도

나는 미술 수업을 위한 그림을 **그린다**.

716 popular [pápjələr]

형 인기 있는

Boat racing is the most **popular** sport in our town. 교과서

보트 경주는 우리 도시에서 가장 **인기 있는** 스포츠이다.

(Voca Tip)
713 color [kʌ́lər]

명 색깔 동 색칠하다

Green is the **color** of peace. 교과서

녹색은 평화를 상징하는 **색깔**이다.

(숙어)
717 famous [féiməs]

형 유명한

He is very **famous** online. 교과서

그는 온라인에서 매우 **유명하다**.

💡 **Voca Tip** draw **vs** color

draw ☞ 색칠은 하지 않고 연필·펜·분필 등으로 그림을 그리는 것을 의미

color ☞ 색칠, 채색, 염색하는 것을 통틀어 의미

 숙어 be famous for: ~으로 유명하다

• The city **is famous for** the night view.
(그 도시는 야경으로 유명하다.)

• This restaurant **is famous for** its healthy food.
(이 식당은 건강에 좋은 음식으로 유명하다.)

718 culture [kʌ́ltʃər]

(명) 문화

Hats can show a lot about **culture**.

교과서 모자는 **문화**에 대한 많은 것을 보여 줄 수 있다.

719 history [hístəri]

(명) 역사

I have a **history** class today. **교과서**

나는 오늘 **역사** 수업이 있다.

720 museum [mju(ː)zí(ː)əm]

(명) 박물관; 미술관

Rome is like a big **museum**. **교과서**

로마는 커다란 **박물관**과 같다.

(Culture)
721 folk [fouk]

(형) 민속의 (명) (pl.) 사람들

I'm going to visit a **folk** village. **교과서**

나는 **민속** 마을을 방문할 것이다.

문화 Culture folk song

포크송이라는 음악 장르를 들어보셨나요? 원래 포크송은 세계 각지의 민중 사이에 전해 내려온 전통적인 민요를 가리키는 말이었지만, 요즘은 미국 민요에 바탕을 둔 미국의 모던 포크 송(modern folk song)을 가리켜요. 전통적인 민요와 달리 현대의 작곡가가 포크송의 정신에 따라 새로 만든 곡을 뜻하지요. 넓은 의미로 통기타 반주의 대중가요를 가리킨답니다.

722 ticket [tíkit]

(명) 표

Why don't you buy him a concert **ticket**? **교과서**

그에게 콘서트 **표**를 사주는 게 어때?

723 create [kriːéit]

(동) 만들다; 창조하다

You **created** this new recipe. **수능**

당신은 이 새로운 조리법을 **만들었다**.

724 happen [hǽpən]

(동) 일어나다, 생기다

A funny thing **happened** yesterday.

교과서 어제 재미있는 일이 **일어났다**.

학교시험
725 photograph [fóutəgræ̀f]

(명) 사진 (동) 사진을 찍다

I like this old **photograph**.

나는 이 오래된 **사진**이 좋다.

학교시험 관용어구 take a photograph

Q 괄호 안에 알맞은 것을 고르시오.

I will take a (photograph / photography) of you.

↳ '사진을 찍다'는 take a photograph라고 한다. photography는 '사진 촬영 기술'을 의미한다.

답 photograph

01 be used in the _____s 예술에서 사용되다　art　　art

02 watch Korean _____s 한국 드라마를 보다　drama

03 a _____ from France 프랑스에서 비롯된 이야기　story

04 do fine on _____ 무대 위에서 잘 하다　stage

05 _____ Hamlet in the play
연극에서 Hamlet을 연기하다　act

06 _____ for her 그녀를 위해 노래하다　sing

07 play in _____ 리듬에 맞춰 연주하다　rhythm

08 play _____s 악기를 연주하다　instrument

09 be really into _____ 음악을 정말 좋아하다　music

10 apply the paint with a _____
붓으로 물감을 칠하다　brush

11 put up _____s 포스터를 붙이다　poster

12 _____ a picture 그림을 그리다　draw

13 the _____ of peace 평화를 상징하는 색깔　color

14 the _____ of Liberty   자유의 여신상   statue

15 an _____ meal   훌륭한 식사   excellent

16 the most _____ sport   가장 인기 있는 스포츠   popular

17 be _____ online   온라인에서 유명하다   famous

18 show about _____   문화를 보여 주다   culture

19 have a _____ class   역사 수업이 있다   history

20 a big _____   커다란 박물관   museum

21 visit a _____ village   민속 마을을 방문하다   folk

22 a concert _____   콘서트 표   ticket

23 _____ a new recipe   새로운 조리법을 만들다   create

24 _____ all the time   항상 일어나다   happen

25 an old _____   오래된 사진   photograph

예술, 문화

3-Minute Check

오늘 학습한 단어와 뜻을
최종적으로 암기했는지 확인하세요!

		Check
701 **art**	몡 예술, 미술	☐
702 **drama**	몡 드라마, 연극	☐
703 **story**	몡 이야기	☐
704 **stage**	몡 무대; 단계	☐
705 **act**	동 연기하다; 행동하다 몡 행동	☐
706 **sing**	동 노래하다	☐
707 **rhythm**	몡 리듬; 주기	☐
708 **instrument**	몡 악기; 기구	☐
709 **music**	몡 음악	☐
710 **brush**	몡 붓 동 빗다; 닦다	☐
711 **poster**	몡 포스터, 벽보	☐
712 **draw**	동 그리다; 끌다 몡 제비뽑기	☐
713 **color**	몡 색깔 동 색칠하다	☐

		Check
714 **statue**	몡 조각(상)	☐
715 **excellent**	혱 훌륭한	☐
716 **popular**	혱 인기 있는	☐
717 **famous**	혱 유명한	☐
718 **culture**	몡 문화	☐
719 **history**	몡 역사	☐
720 **museum**	몡 박물관; 미술관	☐
721 **folk**	혱 민속의 몡 (pl.) 사람들	☐
722 **ticket**	몡 표	☐
723 **create**	동 만들다; 창조하다	☐
724 **happen**	동 일어나다, 생기다	☐
725 **photograph**	몡 사진 동 사진을 찍다	☐

외우지 않은 단어가 있으면 미니 단어장에서 다시 한번 정리해 보세요.

건강, 안전

📖 오늘 학습할 단어를 공부하고, 가리개를 사용해서 암기해 보세요.

---

726 sick [sik]

(형) 아픈

My family helps **sick** animals. 교과서

나의 가족은 **아픈** 동물들을 도와준다.

---

727 sore [sɔːr]

(형) 아픈, 따가운

I have a **sore** throat. 교과서

나는 목이 **아프다**.

---

728 weak [wiːk]

(형) 약한

What is your **weak** point?

당신의 **약한** 부분(약점)은 무엇인가요?

---

729 disease [dizíːz]

(명) (질)병

He died of heart **disease**.

그는 심장**병**으로 죽었다.

---

730 cough [kɔ(ː)f]

(명) 기침 (동) 기침하다

I have a dry **cough**.

나는 마른 **기침**을 한다.

---

731 cold [kould]

(명) 감기 (형) 차가운, 추운

I often catch a **cold** in winter. 교과서

나는 겨울에 **감기**에 자주 걸린다.

▶ in a **cold** weather 추운 날씨에

---

732 fever [fíːvər]

(명) 열

I think I have a high **fever**. 듣기

나는 고**열**이 있는 것 같다.

---

733 stomachache [stʌ́məkèik]

(명) 복통

Do you have a **stomachache**? 교과서

너는 **복통**이 있니?

Communication
734 headache [hédèik]

(명) 두통

She has a bad **headache**. 교과서

그녀는 심한 **두통**이 있다.

💬 **Communication** 아픈 곳 말하기

A Are you okay? You look sick.
(당신 괜찮아요? 아파 보여요.)
B I have a headache.
(저는 두통이 있어요.)

735 patient [péiʃənt]

(명) 환자 (형) 인내심이 강한

You can play the violin for the **patients**.

듣기 당신은 **환자**들을 위해 바이올린을 연주할 수 있다.

≫ be patient with children
아이들에게 인내심 있게 대하다

736 hospital [háspitəl]

(명) 병원

I should take her to the **hospital**. **성취도**

내가 그녀를 **병원**에 데려가야겠다.

737 hurt [həːrt]

(동) 상하게 하다; 아프다 (형) 상처를 입은

We shouldn't **hurt** his feelings. **교과서**

우리는 그의 감정을 **상하게 하면** 안 됩니다.

738 damage [dǽmidʒ]
(Voca Tip)

(동) 해치다; 손상을 입히다 (명) 손상

This event **damaged** our friendship.

수능 이 사건은 우리의 우정을 **해쳤다**.

≫ brain damage 뇌 손상

🔎 **Voca Tip** hurt vs damage

hurt ☞ 신체나 마음에 상처를 입히거나 상하게 함
damage ☞ 손해에 의한 가치의 손상을 강조함

739 wash [waʃ]

(동) 씻다, 세척하다

I **washed** my uncle's cup. **교과서**

나는 내 삼촌의 컵을 **씻었다**.

740 medical [médikəl]

(형) 의학의

They have no money for **medical** care.

그들은 **의학적** 도움을 받을 돈이 없다.

741 emergency [imɔ́ːrdʒənsi]

(명) 비상

It is important to keep calm in an **emergency**.

비상시에는 침착함을 유지하는 것이 중요하다.

742 prevent [privént]
(숙어)

(동) 예방하다; 막다

I try to **prevent** the noise at night. **수능**

나는 밤에 소음을 **예방하기** 위해 노력한다.

✦ **숙어** **prevent A from -ing:**
A가 ~하지 못하도록 하다[막다]

• A bad weather **prevented** us **from going** for a picnic.
(나쁜 날씨는 우리가 소풍을 가지 못하도록 했다.)
• Vitamin C **prevents** you **from catching** a cold.
(비타민 C는 당신이 감기 걸리는 것을 막아준다.)

743 rest [rest]

(명) 휴식; 나머지 (동) 쉬다

You should get some **rest**. 교과서

당신은 **휴식**을 좀 취해야 한다.

744 relax [riléks]

(동) 휴식을 취하다; 안심하다

Let's **relax** for a minute. 교과서

잠깐만 **휴식을 취합시다**.

745 recover [rikʌ́vər]

(동) 되찾다; 건강을 회복하다

I **recovered** my sight again.

나는 시력을 다시 **되찾았다**.

(Culture)
746 health [helθ]

(명) 건강

I exercise every day to stay in good **health**. 교과서

나는 **건강**을 유지하기 위해 매일 운동한다.

🔵 Culture 헬스장은 health장?

많은 사람들이 건강을 위해 열심히 운동하는 장소를 헬스장이나 헬스클럽이라고 하는데요, 이는 정확한 영어 표현이 아니랍니다. 건강을 위해 운동하는 장소는 gym이나 fitness center로 표현해 주세요! 운동이라는 의미의 헬스 역시 잘못된 표현으로 workout이 올바른 표현임을 알아두세요.

747 weigh [wei]

(동) 무게가 ~이다

My head **weighs** 4.5 kilograms. 교과서

내 머리는 **무게가** 4.5킬로그램**이다**.

748 wound [wu:nd]

(명) 상처 (동) 상처를 입히다

I was treated in hospital for leg **wounds**.

나는 다리 **상처**로 병원에서 치료 받았다.

749 dead [ded]

(형) 죽은; 전원이 나간

The body of a **dead** bird falls down into the lake. 교과서

죽은 새의 시체가 호수로 떨어진다.

>> a dead battery 배터리 방전

학교시험
750 die [dai]

(동) 죽다

He **died** on April 11. 수능

그는 4월 11일에 **죽었다**.

📋 학교시험 동사 vs. 형용사

Q 괄호 안에 알맞은 것을 고르시오.

His parents (died / dead) in the accident.

↳ 동사 자리이므로 died를 써야 한다. dead는 '죽은'이라는 뜻의 형용사이다.

답 died

01 help _____ animals 아픈 동물들을 도와주다   sick   sick

02 have a _____ throat 목이 아프다   sore

03 the _____ point 약한 부분(약점)   weak

04 die of heart _____ 심장병으로 죽다   disease

05 have a dry _____ 마른 기침을 하다   cough

06 catch a _____ 감기에 걸리다   cold

07 a high _____ 고열   fever

08 have a _____ 복통이 있다   stomachache

09 have a bad _____ 심한 두통이 있다   headache

10 play the violin for the _____s   patient
   환자들을 위해 바이올린을 연주하다

11 take her to the _____   hospital
   그녀를 병원에 데려가다

12 _____ his feelings 그의 감정을 상하게 하다   hurt

13 _____ our friendship 우리의 우정을 해치다   damage

14 _____ my cup 내 컵을 씻다   wash _____

15 _____ care 의학적 도움   medical _____

16 in an _____ 비상시에   emergency _____

17 _____ the noise 소음을 예방하다   prevent _____

18 get some _____ 휴식을 좀 취하다   rest _____

19 _____ for a minute 잠깐 휴식을 취하다   relax _____

20 _____ my sight 내 시력을 되찾다   recover _____

21 stay in good _____ 건강을 유지하다   health _____

22 _____ 4.5 kilograms 무게가 4.5킬로그램이다   weigh _____

23 be treated for leg _____s
다리 상처로 치료 받다   wound _____

24 a _____ bird 죽은 새   dead _____

25 _____ on April 11 4월 11일에 죽다   die _____

3-Minute Check

오늘 학습한 단어와 뜻을
최종적으로 암기했는지 확인하세요!

		Check
726 **sick**	형 아픈	
727 **sore**	형 아픈, 따가운	
728 **weak**	형 약한	
729 **disease**	명 (질)병	
730 **cough**	명 기침 동 기침하다	
731 **cold**	명 감기 형 차가운, 추운	
732 **fever**	명 열	
733 **stomachache**	명 복통	
734 **headache**	명 두통	
735 **patient**	명 환자 형 인내심이 강한	
736 **hospital**	명 병원	
737 **hurt**	동 상하게 하다; 아프다 형 상처를 입은	
738 **damage**	동 해치다; 손상을 입히다 명 손상	

		Check
739 **wash**	동 씻다, 세척하다	
740 **medical**	형 의학의	
741 **emergency**	명 비상	
742 **prevent**	동 예방하다; 막다	
743 **rest**	명 휴식; 나머지 동 쉬다	
744 **relax**	동 휴식을 취하다; 안심하다	
745 **recover**	동 되찾다; 건강을 회복하다	
746 **health**	명 건강	
747 **weigh**	동 무게가 ~이다	
748 **wound**	명 상처 동 상처를 입히다	
749 **dead**	형 죽은; 전원이 나간	
750 **die**	동 죽다	

외우지 않은 단어가 있으면 미니 단어장에서 다시 한번 정리해 보세요.

자연 환경

오늘 학습할 단어를 공부하고, 가리개를 사용해서 암기해 보세요.

751 **nature** [néitʃər]

(명) 자연

All of us love **nature**. 교과서

우리 모두는 **자연**을 사랑한다.

752 **environment** [inváiərənmənt]

(명) 환경

You can help the **environment**. 교과서

당신은 **환경**을 도울 수 있다.

753 **forest** [fɔ́(:)rist]

(명) 숲

Colorful birds sing in the **forest**. 교과서

형형색색의 새들이 **숲**에서 노래한다.

754 **star** [stɑːr]

(명) 별; (가수·배우·선수 등) 스타

We saw six little **stars** in the sky.

우리는 하늘에서 여섯 개의 작은 **별**들을 보았다.

▶ **a pop star** 팝 스타

755 **land** [lænd]

(명) 땅, 육지 (동) 착륙시키다

There isn't any **land** here. 교과서

이곳에는 **땅**이 전혀 없다.

756 **soil** [sɔil]

(명) 땅, 흙

Some bugs live under the **soil**.

어떤 곤충은 **땅** 밑에서 산다.

757 **hill** [hil]

(명) 언덕; 경사로

Her house is up on the **hill**. 교과서

그녀의 집은 **언덕** 위에 있다.

758 **island** [áilənd]

(명) 섬

They found a beautiful **island**. 교과서

그들은 아름다운 **섬**을 찾았다.

(Communication)

759 **mountain** [máuntən]

(명) 산

I live deep in the **mountains**. 듣기

나는 **산** 깊은 곳에서 산다.

💬 Communication 의견 묻기

A What do you think of Seorak **mountain**?
  (설악산에 대해 어떻게 생각하세요?)

B I think it's really beautiful.
  (전 그것이 정말 아름답다고 생각해요.)

760 river [rívər]

(명) 강

Elephants take baths in the **river**. 교과서

코끼리들은 **강**에서 목욕을 한다.

761 wave [weiv]

(명) 파도 (동) (손을) 흔들다; 흔들리다

The **waves** were perfect for surfing. 수능

파도가 서핑하기에 완벽했다.

» **wave one's hand** 손을 흔들다

762 lake [leik]

(명) 호수

The mountain top sank and became a big **lake**. 교과서

산꼭대기가 가라앉아서 커다란 **호수**가 되었다.

Voca Tip
763 pond [pɑnd]

(명) 연못

A duck was walking by the **pond**. 교과서

오리 한 마리가 **연못**가를 걷고 있었다.

💡 **Voca Tip** lake **vs** pond

lake ☞ 햇빛이 바닥까지 닿지 못할 정도로 깊고 수온이 고
르지 않은 큰 물웅덩이

pond ☞ 햇빛이 바닥까지 닿을 정도로 얕고 수온이 고른, 호
수보다 작은 물웅덩이

764 beach [biːtʃ]

(명) 해변, 바닷가

We'll ride a bike along the **beach**. 교과서

우리는 **해변**을 따라 자전거를 탈 것이다.

765 coast [koust]

(명) 해안

The town is on the south **coast**.

그 도시는 남쪽 **해안**에 있다.

766 ocean [óuʃən]

(명) 대양, 바다

What is the largest **ocean**?

가장 큰 **대양**은 무엇입니까?

숙어
767 world [wəːrld]

(명) 세상, 세계

I want to be the greatest person in the **world**. 성취도

나는 **세상**에서 가장 위대한 사람이 되고 싶다.

 숙어   **around the world**: 세계 곳곳으로
all over the world: 전 세계로

• I want to travel **around the world**.
  (나는 세계 곳곳으로 여행하고 싶다.)
• His song is famous **all over the world**.
  (그의 노래는 전 세계적으로 유명하다.)

768 jungle [dʒʌ́ŋɡl]

(명) 정글, 밀림

Be careful in the **jungle**. 교과서

정글에서는 조심하세요.

769 rock [rɑk]

(명) 바위, 암석

Rocks are slippery so watch out steps.
수능 **바위**들이 미끄러우니 걸을 때 조심하세요.

770 sand [sænd]

(명) 모래

The white **sand** on the beach was pretty. 교과서

해변의 하얀색 **모래**는 예뻤다.

Culture
771 desert [dézərt]

(명) 사막

Camels carry mail across **deserts**. 수능

낙타들이 **사막**을 가로질러 편지를 전달한다.

문화 Culture 디저트는 Desert? Dessert!

식사 후에 먹는 디저트를 영어로 뭐라고 할까요? dessert 랍니다. '사막'을 뜻하는 desert와 철자가 비슷해서 헷갈리 는 경우가 많아요. desert가 '사막'이라는 뜻으로 쓰일 때는 [dézərt]로 발음하지만, '버리다'나 '공덕'이라는 뜻으로 쓰일 때는 [dizə́:rt]로 발음되어 dessert와 같은 발음이라는 점도 함께 알아두세요.

772 wild [waild]

(형) 야생의; 사나운

You'll see big **wild** animals in the South Africa. 교과서

당신은 남아프리카 공화국에서 큰 **야생의** 동물들을 볼 것이다.

773 flood [flʌd]

(명) 홍수 (동) 물에 잠기다

They help people during **floods**. 수능

그들은 **홍수** 동안에 사람들을 돕는다.

774 volcano [vɑlkéinou]

(명) 화산

Gas came from the **volcano**.

그 **화산**에서 가스가 나왔다.

학교시험
775 earth [əːrθ]

(명) 지구; 세상; 땅

I'm worried about the **earth**. 교과서

나는 **지구**에 대해 걱정하고 있다.

학교시험 the + 하나뿐인 명사

Q 괄호 안에 알맞은 것을 고르시오.

Let's do something to save (an earth / the earth).

↳ earth처럼 하나밖에 없는 명사 앞에는 부정관사 a(n)가 아니라 정관사 the를 쓴다.

답 the earth

자연 환경
Use Words

빈칸을 채우며 단어를 외우고, 쓰면서 한 번 더 익히세요.

01 love _____ 자연을 사랑하다   nature   nature

02 help the _____ 환경을 돕다   environment

03 sing in the _____ 숲 속에서 노래하다   forest

04 six little _____s 여섯 개의 작은 별들   star

05 keep things on _____ 육지에 물건을 두다   land

06 live under the _____ 땅 밑에서 살다   soil

07 on the _____ 언덕 위에   hill

08 a beautiful _____ 아름다운 섬   island

09 deep in the _____s 산 깊은 곳에서   mountain

10 take baths in the _____ 강에서 목욕하다   river

11 ride the _____s 파도를 타다   wave

12 a big _____ 커다란 호수   lake

13 walk by the _____ 연못가를 걷다   pond

14 along the _____ 해변을 따라

beach

15 on the south _____ 남쪽 해안에

coast

16 the largest _____ 가장 큰 대양

ocean

17 around the _____ 세계 곳곳으로

world

18 be careful in the _____ 정글에서 조심하다

jungle

19 slippery _____s 미끄러운 바위들

rock

20 white _____ on the beach 해변의 하얀색 모래

sand

21 carry mail across _____s
사막을 가로질러 편지를 전달하다

desert

22 big _____ animals 큰 야생의 동물들

wild

23 help people during _____s
홍수 동안에 사람들을 돕다

flood

24 come from the _____ 화산에서 나오다

volcano

25 be worried about the _____
지구에 대해 걱정하다

earth

		Check
751 **nature**	몡 자연	☐
752 **environment**	몡 환경	☐
753 **forest**	몡 숲	☐
754 **star**	몡 별; 스타	☐
755 **land**	몡 땅, 육지 동 착륙시키다	☐
756 **soil**	몡 땅, 흙	☐
757 **hill**	몡 언덕; 경사로	☐
758 **island**	몡 섬	☐
759 **mountain**	몡 산	☐
760 **river**	몡 강	☐
761 **wave**	몡 파도 동 (손을) 흔들다; 흔들리다	☐
762 **lake**	몡 호수	☐
763 **pond**	몡 연못	☐

		Check
764 **beach**	몡 해변, 바닷가	☐
765 **coast**	몡 해안	☐
766 **ocean**	몡 대양, 바다	☐
767 **world**	몡 세상, 세계	☐
768 **jungle**	몡 정글, 밀림	☐
769 **rock**	몡 바위, 암석	☐
770 **sand**	몡 모래	☐
771 **desert**	몡 사막	☐
772 **wild**	혱 야생의; 사나운	☐
773 **flood**	몡 홍수 동 물에 잠기다	☐
774 **volcano**	몡 화산	☐
775 **earth**	몡 지구; 세상; 땅	☐

외우지 않은 단어가 있으면 미니 단어장에서 다시 한번 정리해 보세요.

날씨, 계절

📖 오늘 학습할 단어를 공부하고, 가리개를 사용해서 암기해 보세요.

---

776 weather [wéðər]

(명) 날씨

The show was cancelled due to bad **weather**. 성취도

그 쇼는 안 좋은 **날씨**로 인해 취소됐다.

---

777 season [síːzən]

(명) 계절 (동) 양념하다

There are four **seasons** in Korea. 교과서

한국에는 사**계절**이 있다.

» **season** the lamb with garlic
양고기를 마늘로 양념하다

---

778 fall [fɔːl]

(명) 가을; 낙하 (동) 떨어지다; 넘어지다

What's your plan this **fall**? 교과서

올 **가을**에 당신의 계획은 무엇입니까?

» **fall** onto the floor 바닥에 떨어지다

---

779 sky [skai]

(명) 하늘

There are many stars in the **sky**. 교과서

하늘에 별들이 많이 있다.

---

780 cloud [klaud]

(명) 구름

Cotton candy looks like a **cloud**. 교과서

솜사탕은 **구름**처럼 보인다.

---

781 dry [drai]

(형) 건조한, 마른 (동) 말리다

In the **dry** season, hats protect the skin from the sun. 교과서

건조한 계절에는 모자가 햇볕으로부터 피부를 보호한다.

---

782 heat [hiːt]

(명) 열기; 더위 (동) 가열하다

We could feel the **heat** of the sun.

우리는 햇볕의 **열기**를 느낄 수 있었다.

---

783 warm [wɔːrm]

(동) 따뜻하게 하다 (형) 따뜻한

Sunlight came in and **warmed** the houses of Greek people. 성취도

햇빛이 들어와 그리스인들의 집을 **따뜻하게 했다**.

Communication

784 sunny [sʌ́ni]

(형) 화창한

It's hot and **sunny** outside. 교과서

바깥이 덥고 **화창하다**.

💬 **Communication** 날씨 묻고 답하기

A How's the weather in Seoul?
(서울 날씨는 어때요?)

B The weather is good. It's warm and **sunny**.
(날씨가 좋아요. 따뜻하고 **화창해요**.)

785 **degree** [digríː]

(명) (온도·각도 단위인) 도; 정도; 학위

Water freezes at 0 **degree** Celsius.

물은 섭씨 0도에서 언다.

» **a master's degree** 석사 학위

786 **climate** [kláimit]

(명) 기후; 분위기

We need to slow **climate** change. 수능

우리는 **기후** 변화를 늦춰야 한다.

» **the political climate** 정치 분위기

787 **wind** [wind]

(명) 바람

There will be strong **winds** all day. 듣기

하루 종일 강한 **바람**이 불 예정입니다.

(Voca Tip)
788 **breeze** [briːz]

(명) 산들바람

Leaves moved in the **breeze**.

산들바람에 잎들이 움직였다.

789 **cool** [kuːl]

(동) 식히다 (형) 시원한; 멋진

Eating cold soup **cools** down the heat of summer. 교과서

차가운 국을 먹는 것은 여름의 열기를 **식혀준다**.

790 **light** [lait]

(형) 밝은; 가벼운 (명) 전등; 빛 (동) 불을 밝히다

I can't sleep well in a **light** room.

나는 **밝은** 방에서는 잠을 잘 잘 수 없다.

791 **shine** [ʃain]

(동) 빛나다 (명) 윤기

The water in the pool **shine** in the sun.

수영장의 물이 햇살에 **빛난다**.

(숙어)
792 **clear** [kliər]

(형) 맑은; 분명한; 확실한

I like the **clear** and blue sky. 교과서

나는 **맑고** 파란 하늘을 좋아한다.

» **a clear case** 확실한 사건

🔆 **Voca Tip** wind ⓥⓢ breeze

wind ☞ 일반적인 바람을 의미함
breeze ☞ 미풍이나 부드럽고 상쾌한 바람을 의미함

✨ 숙어 **make clear**: 분명히 하다

• Do I **make** myself **clear**?
(제가 스스로 **분명히 하고** 있나요? = 제 말이 이해되나요?)
• Let me **make clear** the difference between them.
(그것들 사이의 차이점을 제가 **분명히 하겠습니다**.)

793 **snow** [snou]

(명) 눈 (동) 눈 내리다

Players ski on the sand, not on **snow**. 교과서

선수들은 **눈** 위가 아니라, 모래 위에서 스키를 탄다.

794 **melt** [melt]

(동) 녹다; 녹이다

Snow **melts** when you heat it. 교과서

당신이 눈을 가열하면 그것은 **녹는다**.

795 **storm** [stɔːrm]

(명) 폭풍우

The **storm** clouds are coming.

폭풍우를 동반한 구름이 다가오고 있다.

(Culture)
796 **shower** [ʃáuər]

(명) 소나기; 샤워 (동) 소나기가 오다

There is a 90% chance of a **shower**.

소나기가 올 확률이 90%이다.

▶ **take a shower** 샤워를 하다

문화 Culture **bridal shower**

브라이덜 샤워는 신부를 뜻하는 bride의 형용사인 bridal과 소나기를 뜻하는 shower가 합쳐진 단어로, 결혼을 앞둔 신부를 축하하는 목적으로 친한 친구들이 열어주는 파티를 의미합니다. shower가 들어가는 이유는 '신부에게 우정이 비처럼 쏟아진다'라는 의미가 담겨 있기 때문이라네요!

797 **wet** [wet]

(형) 젖은, 축축한

The floor is very **wet** and slippery. 교과서

바닥이 많이 **젖어 있고** 미끄럽다.

798 **rainbow** [réinbòu]

(명) 무지개

Look at the **rainbow** on the mountain.

산 위에 **무지개**를 보세요.

799 **rainfall** [réinfɔ̀ːl]

(명) 강우(량)

We expect heavy **rainfall** today.

오늘 많은 **강우량**을 예상하고 있습니다.

학교시험
800 **rain** [rein]

(동) 비가 오다 (명) 비

It is going to **rain** all day long. 교과서

하루 종일 **비가** 올 것이다.

학교시험 날씨를 말할 때 쓰는 주어 it과 수 일치

Q 괄호 안에 알맞은 것을 고르시오.

It (rain / rains) a lot these days.

↳ 날씨를 말할 때 쓰는 주어 it은 3인칭 단수 취급한다.

답 rains

Use Words

빈칸을 채우며 단어를 외우고, 쓰면서 한 번 더 익히세요.

01 due to bad _____ 안 좋은 날씨로 인해   weather   weather

02 have four _____s 사계절이 있다   season

03 this _____ 올 가을   fall

04 stars in the _____ 하늘의 별들   sky

05 look like a _____ 구름처럼 보이다   cloud

06 in the _____ season 건조한 계절에   dry

07 the _____ of the sun 햇볕의 열기   heat

08 _____ the houses 집들을 따뜻하게 하다   warm

09 hot and _____ outside 바깥이 덥고 화창한   sunny

10 0 _____ Celsius 섭씨 0도   degree

11 slow _____ change 기후 변화를 늦추다   climate

12 strong _____ 강한 바람   wind

13 move in the _____ 산들바람에 움직이다   breeze

14 _____ down the heat 열기를 식혀주다   cool

15 a _____ room 밝은 방   light

16 _____ in the sun 햇살에 빛나다   shine

17 the _____ sky 맑은 하늘   clear

18 ski on _____ 눈 위에서 스키를 타다   snow

19 _____ the snow 눈을 녹이다   melt

20 the _____ clouds 폭풍우를 동반한 구름   storm

21 a chance of a _____ 소나기가 올 확률   shower

22 _____ and slippery 젖어 있고 미끄러운   wet

23 look at the _____ 무지개를 보다   rainbow

24 expect heavy _____ 많은 강우량을 예상하다   rainfall

25 be going to _____ 비가 올 것이다   rain

3-Minute Check

		Check
776 **weather**	몡 날씨	☐
777 **season**	몡 계절 동 양념하다	☐
778 **fall**	몡 가을; 낙하 동 떨어지다; 넘어지다	☐
779 **sky**	몡 하늘	☐
780 **cloud**	몡 구름	☐
781 **dry**	혱 건조한, 마른 동 말리다	☐
782 **heat**	몡 열기; 더위 동 가열하다	☐
783 **warm**	동 따뜻하게 하다 혱 따뜻한	☐
784 **sunny**	혱 화창한	☐
785 **degree**	몡 (온도·각도 단위인) 도; 정도; 학위	☐
786 **climate**	몡 기후; 분위기	☐
787 **wind**	몡 바람	☐
788 **breeze**	몡 산들바람	☐

		Check
789 **cool**	동 식히다 혱 시원한; 멋진	☐
790 **light**	혱 밝은; 가벼운 몡 전등; 빛 동 불을 밝히다	☐
791 **shine**	동 빛나다 몡 윤기	☐
792 **clear**	혱 맑은; 분명한; 확실한	☐
793 **snow**	몡 눈 동 눈 내리다	☐
794 **melt**	동 녹다; 녹이다	☐
795 **storm**	몡 폭풍우	☐
796 **shower**	몡 소나기; 샤워 동 소나기가 오다	☐
797 **wet**	혱 젖은, 축축한	☐
798 **rainbow**	몡 무지개	☐
799 **rainfall**	몡 강우(량)	☐
800 **rain**	동 비가 오다 몡 비	☐

외우지 않은 단어가 있으면 **미니 단어장**에서 다시 한번 정리해 보세요.

Wrap Up

A 영어는 우리말로, 우리말은 영어로 쓰시오.

01 draw _____

02 melt _____

03 weak _____

04 forest _____

05 emergency _____

06 season _____

07 happen _____

08 flood _____

09 fever _____

10 statue _____

11 wound _____

12 climate _____

13 excellent _____

14 soil _____

15 medical _____

16 강우(량) _____

17 만들다; 창조하다 _____

18 두통 _____

19 민속의; 사람들 _____

20 환자 _____

21 악기; 기구 _____

22 화산 _____

23 구름 _____

24 박물관; 미술관 _____

25 사막 _____

26 건강 _____

27 문화 _____

28 섬 _____

29 빛나다; 윤기 _____

30 폭풍우 _____

B 우리말과 일치하도록 빈칸에 알맞은 단어를 쓰시오.

01 섭씨 0도   0 _____ Celsius

02 복통이 있다   have a _____

03 큰 야생의 동물들   big _____ animals

04 내 시력을 되찾다   _____ my sight

05 온라인에서 유명하다   be _____ online

06 산 깊은 곳에서   deep in the _____s

07 산들바람에 움직이다   move in the _____

08 가장 인기 있는 스포츠   the most _____ sport

C 밑줄 친 부분에 해당하는 우리말 해석을 찾아 밑줄을 치시오.

01 Look at the <u>rainbow</u> on the mountain.
⇨ 산 위에 무지개를 보세요.

02 You can help the <u>environment</u>.
⇨ 당신은 환경을 도울 수 있다.

03 My head <u>weighs</u> 4.5 kilograms.
⇨ 내 머리는 무게가 4.5킬로그램이다.

04 I have a <u>history</u> class today.
⇨ 나는 오늘 역사 수업이 있다.

교과서 필수 단어 확인하기

01 여행과 관련된 단어가 <u>아닌</u> 것은? 🔗 **DAY 25. 26**

① trip   ② travel   ③ defend

④ baggage   ⑤ passport

02 밑줄 친 단어와 같은 의미인 것은? 🔗 **DAY 28**

> There is a good <u>film</u> on this week.

① movie   ② theater   ③ picture

④ cartoon   ⑤ magazine

03 빈칸에 들어갈 말이 순서대로 짝지어진 것은? 🔗 **DAY 26. 27. 29**

> • Do not throw _____ trash here.
>
> • I invited him to go _____ a picnic.
>
> • She is famous _____ her poems.

① away – at – for   ② at – on – with

③ away – on – for   ④ at – on – of

⑤ away – at – of

04 밑줄 친 부분의 쓰임이 올바른 것은? 🔗 **DAY 25. 27. 28. 30**

① Many birds <u>dead</u> from this fire.

② I'm not really the <u>outdoors</u> type.

③ You have been <u>aboard</u> many times.

④ He bought a pair of <u>gloves</u> for his father.

⑤ There is nothing to prevent us from <u>go</u> there.

[05-06] 빈칸에 들어갈 말로 알맞은 것을 고르시오. ⊖ DAY 31, 32

05

> It is not easy to find water in the _____.

① river   ② desert   ③ ocean

④ jungle   ⑤ island

06

> The _____ here is either too hot or too cold.

① heat   ② storm   ③ rainfall

④ climate   ⑤ degree

07 우리말과 일치하도록 빈칸에 공통으로 들어갈 단어를 쓰시오. ⊖ DAY 30

> • 병원에 많은 환자들이 있다.
>   → There are a lot of _____s in the hospital.
> • 나의 엄마는 아이들에게 항상 참을성 있게 대하신다.
>   → My mom is always _____ with children.

_____

08 우리말과 일치하도록 괄호 안에 단어를 이용하여 문장을 완성하시오. ⊖ DAY 26

> 우리는 최선을 다했지만 상을 타지 못했다. (win, prize)

→ We did our best but we failed to _____.

수능형 유형 확인하기

☑ ANSWERS p.271

| 글의 목적 찾기 |

수능 18번 유형

편지글이나 이메일을 읽고 글쓴이가 말하고자 하는 바를 찾는 유형이에요. 글쓴이가 자신에 대한 소개로 글을 시작하고 글의 중반 이후에 목적이 드러나므로 중반 이후의 글을 집중해서 읽어보세요!

다음 글의 목적으로 가장 적절한 것은? 기출 변형

Dear Ms. Ellison,

This is Jason Kelly, the chief organizer of the 2019 Concord **Movie Festival**. I'm writing this email to **invite** you to be a judge in the **festival** this year. **Last** year, we were very pleased to have you as a judge in our **festival**. Many of our **staff members** have good **memories** of you. They also told me that you were definitely the best judge and made the 2018 **movie festival** a **great** success. They all strongly recommended you, so we would gladly like to ask you to serve as a judge **again** for this year's **festival**. We all believe that your contribution will be of **great help** to our **festival**. I look forward to hearing from you **soon**.

Sincerely,

Jason Kelly

*contribution: 기여, 이바지

① 새로운 영화제를 홍보하려고
② 영화제 지원 방안을 제안하려고
③ 영화제 심사 기준을 설명하려고
④ 영화제 일정 변경을 공지하려고
⑤ 영화제 심사 위원으로 위촉하려고

☑ **Word Check** 윗글에서 그동안 학습한 단어를 확인하고 각각의 우리말 뜻을 쓰시오.

movie	_____	festival	_____	invite	_____
last	_____	staff	_____	member	_____
memory	_____	great	_____	again	_____
help	_____	soon	_____		

🔳 **New Words**

chief 형 주된, 최고위자인   **organizer** 명 위원장

definitely 부 분명히, 틀림없이   **strongly** 부 강력하게

☑ANSWERS p.271

| 글의 제목 찾기 |

수능 24번 유형

너무 일반적이거나 구체적이지 않은, 글쓴이가 말하고자 하는 바를 간단하게 제시한 선택지를 골라야 해요. 평소에 글의 핵심 내용을 요약해 보는 연습을 하는 것이 좋아요!

다음 글의 제목으로 가장 적절한 것은? 기출 변형

Life and **activity** as an urban attraction are important. People gather where things are **happening** and want to be **around** other people. If there are two kinds of **streets**: a lively **street** and an **empty street**, most people would choose to walk the **street** with life and **activity**. The walk will be more interesting and feel safer. We can watch people perform or play **music** anywhere on the **street**. This attracts many people to **stay** and watch. Also, most people prefer using **seats** providing the best **view** of city life and offering a **view** of other people.

① The City's Greatest Attraction: People
② Leave the City, Live in the Country
③ Make More Parks in the City
④ Feeling Lonely in the Crowded Streets
⑤ Ancient Cities Full of Tourist Attractions

☑ Word Check

윗글에서 그동안 학습한 단어를 확인하고 각각의 우리말 뜻을 쓰시오.

activity _____	happen _____	around _____
street _____	empty _____	music _____
stay _____	seat _____	view _____

New Words

urban	⑧ 도시의	attraction	⑨ 명소, 명물
gather	⑧ 모이다, 모으다	lively	⑧ 활기 넘치는
perform	⑧ 공연하다	attract	⑧ 마음을 끌다
prefer	⑧ 더 좋아하다	provide	⑧ 제공하다

REPEAT

빈출도순
중등 기본
어휘

빈출도 180회 이상

✎ 단어와 뜻을 읽으며 빈칸에 알맞은 말을 쓰세요.

528 **some**
[sʌm]
㉠ 몇 개의, 약간의
㈙ 약간

242 **look**
[luk]
동 _____
명 (pl.) 외모

408 **help**
[help]
명 도움
동 돕다

171 **thank**
[θæŋk]
동 _____

486 **great**
[greit]
형 대단한; 좋은; (크기가) 큰

400 **take**
[teik]
동 사다; 가지고 가다; ~을 타다; (사진) 찍다

561 **then**
[ðen]
부 그 다음에; 그러면; 그때

061 **person**
[pə́ːrsən]
명 _____

128 **meet**
[miːt]
동 만나다

684 **favorite**
[féivərit]
형 _____
명 좋아하는 사람[물건]

193 **sure**
[ʃuər]
형 확신하는
부 그럼요

035 **nice**
[nais]
형 다정한, 친절한; 훌륭한

571 **first**
[fəːrst]
㉠ _____
부 처음; 우선

500 **well**
[wel]
부 잘, 좋게
감 이런; 좋아

234 **sound**
[saund]
명 소리
동 ~하게 들리다

187 **idea**
[aidí(ː)ə]
명 _____

683 **picture**
[píktʃər]
명 사진; 그림

583 **right**
[rait]
명 오른쪽   형 오른쪽의
부 오른쪽으로

185 **need**
[niːd]
동 필요하다
명 필요

767 **world**
[wəːrld]
명 _____

534 **much**
[mʌtʃ]
㉠ 많은
부 많이

241 **watch**
[wɑtʃ]
동 보다
명 _____

213 **dialogue**
[dáiəlɔ̀(ː)g]
명 대화

Answer

242 보이다; 보다   171 감사하다   061 사람   684 가장 좋아하는   571 첫 번째의   187 생각, 발상   767 세상, 세계   241 손목시계

147 **try** [trai]	동 _____ 명 시도	142 **put** [put]	동 놓다, 두다
595 **around** [əráund]	부 이리저리; 사방에서 전 주위에	464 **bicycle** [báisikl]	명 _____
157 **enjoy** [indʒɔ́i]	동 즐기다, 즐거워하다	723 **create** [kri:éit]	동 만들다; 창조하다
611 **trip** [trip]	명 _____	005 **old** [ould]	형 나이가 많은, 늙은
313 **cook** [kuk]	동 요리하다 명 요리사	709 **music** [mjú:zik]	명 음악
424 **together** [təɡéðər]	부 함께	215 **opinion** [əpínjən]	명 _____
657 **visit** [vízit]	동 방문하다 명 방문	505 **long** [lɔ(:)ŋ]	형 긴, 오랜 부 오랫동안
525 **a little**	조금; _____	139 **read** [ri:d]	동 읽다
115 **find** [faind]	동 찾다, 발견하다; ~을 알아 내다	220 **show** [ʃou]	동 보여 주다 명 쇼, 프로그램
002 **live** [liv]	동 살다	124 **start** [stɑ:rt]	동 시작하다 명 시작, 출발
403 **club** [klʌb]	명 동아리, 동호회	492 **different** [dífərənt]	형 _____
659 **special** [spéʃəl]	형 _____	267 **place** [pleis]	명 장소 동 _____
495 **green** [gri:n]	형 초록색의; 환경 보호의 명 초록색	688 **movie** [mú:vi]	명 영화

05   10   15

014 **beautiful** 형 아름다운
[bjúːtəfəl]

432 **mathematics** 명 _____
[mæ̀θəmǽtiks]

567 **turn** 명 차례
[təːrn] 동 돌다; 변하다

563 **last** 한 지난; 최후의 부 최근에
[læst] 동 _____

180 **plan** 명 계획
[plæn] 동 계획하다

629 **practice** 명 연습
[prǽktis] 동 연습하다

427 **problem** 명 문제
[prábləm]

433 **science** 명 과학
[sáiəns]

731 **cold** 명 _____
[kould] 형 차가운, 추운

554 **weekend** 명 _____
[wíːkènd]

695 **dance** 명 춤
[dæns] 동 춤을 추다

701 **art** 명 예술, 미술
[ɑːrt]

530 **every** 한 모든
[évri]

360 **bottle** 명 병
[bátl]

323 **delicious** 형 아주 맛있는
[dilíʃəs]

638 **sport** 명 운동, 경기
[spɔːrt]

558 **future** 명 _____
[fjúːtʃər]

092 **job** 명 직업
[dʒɑb]

100 **teacher** 명 선생님, 교사
[tíːtʃər]

174 **interesting** 형 재미있는
[íntərəstiŋ]

151 **feel** 동 _____
[fiːl]

633 **baseball** 명 야구; 야구공
[béisbɔ̀ːl]

678 **join** 동 _____
[dʒɔin]

222 **welcome** 동 환영하다
[wélkəm]

712 **draw** 동 그리다; 끌다
[drɔː] 명 _____

618 **away** 부 멀리; 떨어져
[əwéi]

Answer

432 수학   563 지속하다   731 감기   554 주말   558 미래   151 느끼다   678 가입하다; 연결하다   712 제비뽑기

575 **during** 　(전) ~ 동안
[djú(:)əriŋ]

459 **wait** 　(동) 기다리다
[weit]

570 **again** 　(부) 다시
[əgén]

627 **team** 　(명) 팀
[ti:m]

075 **everyone** 　(대) _____
[évriwʌn]

132 **laugh** 　(동) _____
[læf]

560 **ever** 　(부) 항상, 언제나
[évər]

582 **left** 　(명) 왼쪽　(형) 왼쪽의
[left] 　(부) 왼쪽으로

439 **learn** 　(동) 배우다
[lə:rn]

389 **recycle** 　(동) _____
[ri:sáikl]

200 **expect** 　(동) _____
[ikspékt]

547 **always** 　(부) 항상
[ɔ́:lweiz]

152 **bad** 　(형) 안 좋은; 나쁜
[bæd]

524 **little** 　(형) 작은; 거의 없는
[lítl]

599 **back** 　(명) 뒤쪽; 등(뼈)
[bæk] 　(부) 뒤로

692 **interest** 　(명) _____
[íntərəst]

179 **suggest** 　(동) _____
[səgdʒést]

237 **hear** 　(동) 듣다; 들리다
[hiər]

112 **bring** 　(동) _____
[briŋ]

679 **song** 　(명) 노래
[sɔ(:)ŋ]

650 **win** 　(동) 이기다; 따다
[win]

194 **wonderful** 　(형) 훌륭한, 멋진
[wʌ́ndərfəl]

326 **wear** 　(동) 입다; 쓰다
[wɛər]

481 **clean** 　(형) _____
[kli:n] 　(동) 닦다, 청소하다

703 **story** 　(명) 이야기
[stɔ́:ri]

Answer
075 모든 사람　　132 (소리 내어) 웃다　　389 재활용하다　　200 예상하다, 기대하다　　692 관심사; 관심, 흥미　　179 제안하다
112 가져오다　　481 깨끗한, 깔끔한

DAY 34

빈출도 130회 이상

단어와 뜻을 읽으며 빈칸에 알맞은 말을 쓰세요.

094 **player** [명] 선수
[pléiər]

250 **taste** [동] 맛이 ~하다 [명] 맛
[teist]

529 **any** [한] 어떤; 얼마간의
[éni]

320 **dinner** [명] ____________
[dínər]

634 **basketball** [명] 농구; 농구공
[bǽskitbɔ̀ːl]

198 **imagine** [동] ____________
[imǽdʒin]

065 **child** [명] 아이, 어린이
[tʃaild]

437 **lesson** [명] 수업; 교훈
[lésən]

538 **a few** ____________

623 **memory** [명] ____________
[méməri]

120 **pull** [동] 끌어[잡아]당기다
[pul]

359 **trash** [명] ____________
[træʃ]

552 **afternoon** [명] 오후
[ǽːftərnúːn]

600 **front** [명] 앞 [형] 앞의
[frʌnt]

455 **ride** [동] (말·차량 등을) 타다 [명] 타기
[raid]

463 **street** [명] ____________
[striːt]

446 **graduate** [동] 졸업하다 [명] 졸업자
[grǽdʒuèit, grǽdʒuit]

754 **star** [명] 별; 스타
[stɑːr]

422 **matter** [명] 문제 [동] 중요하다
[mǽtər]

545 **often** [부] ____________
[ɔ́(ː)ftən]

166 **surprised** [형] 놀란
[sərpráizd]

177 **realize** [동] ____________
[ríː(ː)əlàiz]

Answer

320 저녁 식사; 정찬 198 상상하다 538 조금의 623 추억, 기억(력) 359 쓰레기 463 도로, 거리 545 자주; 보통 177 깨닫다

566	**second** [sékənd]	몡 초 옌 둘째 번의 円 둘째로	263	**village** [vílidʒ]	몡 _____
531	**several** [sévərəl]	옜 _____	090	**judge** [dʒʌdʒ]	몡 심판; 판사 동 심판하다; 판단하다
376	**shop** [ʃɑp]	몡 가게, 상점 동 쇼핑하다	543	**only** [óunli]	옜 유일한 円 오직
523	**whole** [houl]	옜 전체의	613	**travel** [trǽvəl]	동 여행하다 몡 여행
238	**listen** [lísn]	동 듣다	800	**rain** [rein]	동 비가 오다 몡 비
766	**ocean** [óuʃən]	몡 _____	201	**communicate** [kəmjúːnəkèit]	동 _____
438	**course** [kɔːrs]	몡 강의, 강좌	636	**race** [reis]	몡 _____ 동 경주하다, 경쟁하다
663	**festival** [féstəvəl]	몡 _____	210	**write** [rait]	동 쓰다; 편지하다
713	**color** [kʌ́lər]	몡 색깔 동 색칠하다	173	**bored** [bɔːrd]	옜 지루해하는
108	**appear** [əpíər]	동 나타나다	398	**save** [seiv]	동 _____
170	**excuse** [ikskjúːz, ikskjúːs]	동 _____ 몡 변명; 핑계	584	**straight** [streit]	円 똑바로 옜 곧은
579	**north** [nɔːrθ]	몡 북쪽 옜 북쪽에 있는 円 북쪽으로	669	**contest** [kɑ́ntest]	몡 _____
591	**outside** [àutsáid]	円 밖에서 몡 바깥쪽 쩐 ~의 바깥에	259	**country** [kʌ́ntri]	몡 나라; 시골

775	**earth** [ə:rθ]	몡 지구; 세상; 땅	178	**consider** [kənsídər]	동 _____
050	**kindness** [káindnis]	몡 친절(함)	601	**fly** [flai]	동 날다; 비행기로 가다 몡 파리
001	**life** [laif]	몡 삶, 인생	182	**forget** [fərgét]	동 잊다
378	**market** [má:rkit]	몡 시장	573	**soon** [su:n]	붐 곧; 빨리
224	**mean** [mi:n]	동 _____ 혱 못된	658	**congratulate** [kəngrǽtʃəlèit]	동 _____
574	**follow** [fálou]	동 ~의 다음에 오다; 따르다	293	**fruit** [fru:t]	몡 과일; 열매
527	**each** [i:tʃ]	한 각각의 붐 각각	440	**study** [stʌ́di]	동 공부하다 몡 공부
109	**hold** [hould]	동 _____	717	**famous** [féiməs]	혱 _____
568	**late** [leit]	혱 늦은 붐 늦게	054	**parent** [pɛ́ərənt]	몡 부모, 아버지, 어머니
129	**stand** [stænd]	동 _____	789	**cool** [ku:l]	동 식히다 혱 시원한; 멋진
619	**stay** [stei]	동 머무르다 몡 머무름	010	**cute** [kju:t]	혱 귀여운
322	**sweet** [swi:t]	혱 달콤한	778	**fall** [fɔ:l]	몡 가을; 낙하 동 떨어지다; 넘어지다
484	**wrong** [rɔ(:)ŋ]	혱 _____	256	**space** [speis]	몡 _____

739 **wash** [wɑʃ]	동 씻다, 세척하다		150 **stop** [stɑp]	동 멈추다; 끝나다 명 멈춤; 정류장
686 **game** [geim]	명 게임, 경기, 시합		025 **tall** [tɔːl]	형 키가 큰
565 **minute** [mínit]	명 _____		647 **field** [fiːld]	명 _____
681 **paint** [peint]	동 페인트를 칠하다; 그리다 명 페인트		329 **hat** [hæt]	명 모자
358 **paper** [péipər]	명 종이; 신문; 과제물		136 **jump** [dʒʌmp]	동 뛰다, 점프하다
645 **ready** [rédi]	형 준비가 된		776 **weather** [wéðər]	명 _____
140 **send** [send]	동 _____		787 **wind** [wind]	명 바람
477 **strong** [strɔ(ː)ŋ]	형 _____		375 **glass** [glæs]	명 (pl.) 안경; 유리
062 **woman** [wúmən]	명 여자		426 **homework** [hóumwə̀ːrk]	명 숙제
011 **pretty** [príti]	형 예쁜, 귀여운 부 어느 정도, 꽤		117 **keep** [kiːp]	동 유지하다
277 **bread** [bred]	명 빵		664 **line** [lain]	명 선, 줄 동 ~을 따라 줄을 세우다
581 **far** [fɑːr]	부 _____ 형 먼		434 **subject** [sʌ́bdʒikt]	명 _____
252 **library** [láibrèri]	명 도서관		286 **vegetable** [védʒtəbl]	명 _____

빈출도 100회 이상

✎ 단어와 뜻을 읽으며 빈칸에 알맞은 말을 쓰세요.

203 **answer**
[ǽnsər]
동 대답하다
명 대답

550 **number**
[nΛ́mbər]
명 숫자, 번호

706 **sing**
[siŋ]
동 노래하다

587 **above**
[əbΛ́v]
부 위에
전 ~보다 위로

176 **believe**
[bilíːv]
동 _____

462 **road**
[roud]
명 도로

783 **warm**
[wɔːrm]
동 따뜻하게 하다
형 따뜻한

175 **excited**
[iksáitid]
형 신이 난, 흥분한

334 **shirt**
[ʃəːrt]
명 셔츠

496 **colorful**
[kΛ́lərfəl]
형 _____

472 **connect**
[kənékt]
동 _____

227 **smell**
[smel]
동 냄새가 나다
명 냄새

249 **hard**
[hɑːrd]
형 _____
부 열심히

134 **catch**
[kætʃ]
동 잡다; (병에) 걸리다

502 **full**
[ful]
형 가득 찬; 배가 부른

635 **match**
[mætʃ]
명 경기; 경쟁 상대
동 _____

231 **notice**
[nóutis]
동 ~을 알아차리다
명 안내문

719 **history**
[hístəri]
명 _____

708 **instrument**
[ínstrəmənt]
명 악기; 기구

394 **money**
[mΛ́ni]
명 돈

720 **museum**
[mjuː(ː)zíː(ː)əm]
명 _____

735 **patient**
[péiʃənt]
명 환자
형 _____

Answer

176 믿다   496 형형색색의   472 연결하다; 접속하다   249 딱딱한; 어려운; 힘든   635 어울리다   719 역사   720 박물관; 미술관
735 인내심이 강한

121 **push** [puʃ]	(동) 밀다 (명) 밀기	097 **doctor** [dɑ́ktər]	(명) 의사
046 **smile** [smail]	(명) 미소 (동) 웃다	559 **later** [léitər]	(부) _____
470 **station** [stéiʃən]	(명) 정류장, 역	167 **proud** [praud]	(형) 자랑스러워하는
790 **light** [lait]	(형) 밝은; 가벼운 (명) 전등; 빛 (동) 불을 밝히다	401 **relationship** [riléiʃənʃip]	(명) _____
649 **lose** [luːz]	(동) _____	448 **test** [test]	(명) 시험 (동) 시험하다; 검사하다
404 **member** [mémbər]	(명) 단원, 구성원	698 **collect** [kəlékt]	(동) 모으다, 수집하다
592 **middle** [mídl]	(명) 중앙 (형) 가운데의	221 **introduce** [ìntrədjúːs]	(동) _____
653 **party** [pɑ́ːrti]	(명) 파티	458 **sign** [sain]	(명) 표지판; 신호 (동) 서명하다
034 **perfect** [pə́ːrfikt]	(형) _____	106 **change** [tʃeindʒ]	(동) 바꾸다, 변하다 (명) _____
146 **hide** [haid]	(동) 감추다; 숨다	410 **classmate** [klǽsmèit]	(명) 반 친구
276 **rice** [rais]	(명) 밥, 쌀, 벼	219 **complain** [kəmpléin]	(동) _____
544 **usually** [júːʒuəli]	(부) _____	626 **energy** [énərdʒi]	(명) 힘, 기력
004 **young** [jʌŋ]	(형) 어린, 젊은	156 **fine** [fain]	(형) 괜찮은; 좋은; 건강한 (부) 괜찮게

Answer

649 지다; 잃다   034 완벽한   544 보통; 평소에   559 나중에   401 관계   221 소개하다   106 변화; 잔돈   219 불평하다

784 **sunny** [형] 화창한
[sʌ́ni]

471 **block** [명] 블록, 구역
[blɑk] [동] 막다

053 **daughter** [명] 딸
[dɔ́ːtər]

306 **hungry** [형] 배고픈, 굶주린
[hʌ́ŋgri]

490 **rich** [형] ________________
[ritʃ]

261 **farm** [명] 농장
[fɑːrm]

381 **own** [형] 자신의
[oun] [동] 소유하다

114 **steal** [동] 훔치다
[stiːl]

038 **wise** [형] ________________
[waiz]

319 **breakfast** [명] 아침 식사
[brékfəst]

388 **item** [명] ________________
[áitem]

037 **smart** [형] 똑똑한, 영리한
[smɑːrt]

377 **store** [명] 가게, 상점; 저장고
[stɔːr] [동] ________________

154 **worry** [동] 걱정하다
[wə́ːri] [명] 걱정

564 **hour** [명] 시간
[áuər]

169 **miss** [동] ________________
[mis]

716 **popular** [형] 인기 있는
[pɑ́pjələr]

742 **prevent** [동] ________________
[privént]

423 **share** [동] ________________
[ʃɛər]

052 **uncle** [명] 삼촌, 고모부, 이모부
[ʌ́ŋkl]

071 **care** [명] 돌봄; 조심
[kɛər] [동] 돌보다; 상관하다

289 **carrot** [명] 당근
[kǽrət]

337 **clothes** [명] 옷, 의복
[klouðz]

125 **finish** [동] 끝내다, 마치다
[fíniʃ]

425 **friendship** [명] 우정
[fréndʃip]

113 **carry** [동] ________________
[kǽri]

Answer

490 부유한 038 현명한, 지혜로운 388 물품; 항목 377 저장하다 169 그리워하다; 놓치다 742 예방하다; 막다 423 나누다; 공유하다 113 나르다; 가지고 다니다

430 **easy** 형 쉬운
[íːzi]

693 **magic** 명 마법, 마술
[mǽdʒik]

368 **plastic** 명 플라스틱
[plǽstik] 형 플라스틱으로 된

044 **quiet** 형 _____
[kwáiət]

099 **reporter** 명 기자
[ripɔ́ːrtər]

760 **river** 명 _____
[rívər]

057 **wife** 명 아내
[waif]

569 **early** 부 일찍
[ɔ́ːrli] 형 이른

685 **magazine** 명 _____
[mæ̀gəzíːn]

296 **potato** 명 감자
[pətéitou]

722 **ticket** 명 표
[tíkit]

042 **careful** 형 _____
[kɛ́ərfəl]

668 **concert** 명 연주회, 콘서트
[kánsə(ː)rt]

271 **floor** 명 바닥; (건물의) 층
[flɔːr]

223 **repeat** 동 반복하다
[ripíːt]

003 **age** 명 나이; 시대
[eidʒ]

718 **culture** 명 _____
[kʌ́ltʃər]

655 **decorate** 동 _____
[dékərèit]

159 **glad** 형 기쁜, 반가운
[glæd]

737 **hurt** 동 상하게 하다; 아프다
[həːrt] 형 상처를 입은

080 **lawyer** 명 변호사
[lɔ́ːjər]

435 **master** 동 ～을 완전히 익히다
[mǽstər] 명 _____

557 **present** 명 현재; 선물
[prézənt] 형 _____

743 **rest** 명 휴식; 나머지
[rest] 동 쉬다

491 **same** 형 같은
[seim]

475 **seat** 명 좌석, 자리
[siːt]

Answer
044 조용한 760 강 685 잡지 042 조심하는 718 문화 655 장식하다 435 달인 557 현재의; 참석한

빈출도 70회 이상

✎ 단어와 뜻을 읽으며 빈칸에 알맞은 말을 쓰세요.

137 **shout**
[ʃaut]
동 소리치다, 외치다

726 **sick**
[sik]
형 아픈

098 **singer**
[síŋər]
명 가수

548 **sometimes**
[sʌ́mtàimz]
부 _____

642 **throw**
[θrou]
동 던지다
명 던지기

729 **disease**
[dizíːz]
명 _____

487 **large**
[lɑːrdʒ]
형 (크기가) 큰; 많은

480 **metal**
[métəl]
명 금속

207 **promise**
[prάmis]
동 약속하다
명 약속

248 **thirsty**
[θə́ːrsti]
형 _____

077 **artist**
[άːrtist]
명 화가, 예술가

553 **evening**
[íːvniŋ]
명 저녁

324 **fresh**
[freʃ]
형 신선한; 상쾌한

405 **group**
[gruːp]
명 무리
동 _____

518 **heavy**
[hévi]
형 무거운

416 **message**
[mésidʒ]
명 메시지; 교훈

118 **strike**
[straik]
동 _____

373 **umbrella**
[ʌmbrélə]
명 우산

520 **already**
[ɔːlrédi]
부 벌써, 이미

116 **break**
[breik]
동 깨다, 부수다
명 _____

753 **forest**
[fɔ́(ː)rist]
명 숲

045 **funny**
[fʌ́ni]
형 웃긴, 재미있는

Answer

548 때때로   729 (질)병   248 목이 마른   405 무리를 짓다; 분류하다   118 치다; 때리다   116 쉬는 시간; 휴식

540 **hundred** [hʌ́ndrəd]	휑 100의; 수백의 명 100	526 **both** [bouθ]	대 둘 다 휑 둘 다의
590 **inside** [insáid]	부 안에서 명 안쪽 전 ~의 안에	060 **cousin** [kʌ́zn]	명 _____
758 **island** [áilənd]	명 _____	339 **fashion** [fǽʃən]	명 패션, 유행
762 **lake** [leik]	명 호수	133 **hit** [hit]	동 치다, 때리다 동 치기, 타격
260 **palace** [pǽlis]	명 _____	521 **once** [wʌns]	부 _____ 접 ~하자마자
202 **question** [kwéstʃən]	명 질문; 문제	135 **pass** [pæs]	동 건네주다; 지나가다; 합격하다
130 **roll** [roul]	동 _____	399 **sell** [sel]	동 팔다
123 **stretch** [stretʃ]	동 _____	467 **subway** [sʌ́bwèi]	명 지하철
280 **sugar** [ʃúgər]	명 설탕	312 **bake** [beik]	동 (빵 따위를) 굽다
585 **through** [θruː]	전 ~을 통과해, ~사이로	303 **bowl** [boul]	명 _____
793 **snow** [snou]	명 눈 동 눈 내리다	515 **circle** [sə́ːrkl]	명 원
204 **speak** [spiːk]	동 말하다	533 **enough** [inʌ́f]	휑 _____ 부 충분히
017 **beard** [biərd]	명 턱수염	537 **few** [fjuː]	휑 거의 없는

607 **guide** [ɡaid]	동 안내하다 명 안내인	333 **jacket** [ʤǽkit]	명 재킷, 반코트
273 **hall** [hɔːl]	명 홀, 회관; 복도	759 **mountain** [máuntən]	명 산
746 **health** [helθ]	명 건강	620 **backpack** [bǽkpæk]	명 배낭 동 배낭여행하다
318 **meal** [miːl]	명 ＿＿＿＿＿＿	677 **band** [bænd]	명 밴드, 악단; 끈
740 **medical** [médikəl]	형 ＿＿＿＿＿＿	596 **center** [séntər]	명 중심; 가운데; 종합 시설
549 **never** [névər]	부 절대[한 번도] ~않다	497 **hurry** [hə́ːri]	명 ＿＿＿＿＿＿ 동 서두르다
392 **spend** [spend]	동 (돈을) 쓰다; (시간을) 보내다	441 **teach** [tiːtʃ]	동 가르치다
262 **town** [taun]	명 마을, (소)도시; 시내	345 **uniform** [júːnəfɔːrm]	명 교복, 제복, 유니폼
195 **understand** [ʌndərstǽnd]	동 이해하다	609 **vacation** [veikéiʃən]	명 ＿＿＿＿＿＿
442 **word** [wəːrd]	명 단어, 말	288 **meat** [miːt]	명 고기
006 **youth** [juːθ]	명 ＿＿＿＿＿＿	725 **photograph** [fóutəɡræf]	명 사진 동 사진을 찍다
217 **agree** [əɡríː]	동 동의하다	393 **price** [prais]	명 ＿＿＿＿＿＿
251 **building** [bíldiŋ]	명 건물	283 **snack** [snæk]	명 간식

Answer

318 **식사, 끼니**　740 **의학의**　006 **청년, 젊은이; 젊음**　497 **서두름**　609 **방학, 휴가**　393 **가격**

680 **drum** [drʌm]	몡 드럼; 북 통 드럼[북]을 치다

342 **fit** [fit]	통 (의복 등이) 꼭 맞다, 어울리다 혱 ＿＿＿＿＿＿＿＿

211 **letter** [létər]	몡 편지; 글자

606 **board** [bɔːrd]	통 ＿＿＿＿＿＿＿＿ 몡 판자

165 **fantastic** [fæntǽstik]	혱 환상적인, 굉장한

512 **shape** [ʃeip]	몡 ＿＿＿＿＿＿＿＿ 통 형성하다

779 **sky** [skai]	몡 하늘

029 **true** [truː]	혱 진실한; 사실인, 진짜의

084 **writer** [ráitər]	몡 작가

615 **arrive** [əráiv]	통 ＿＿＿＿＿＿＿＿

254 **bookstore** [búkstɔ̀ːr]	몡 서점

380 **brand** [brænd]	몡 상표, 브랜드

682 **cartoon** [kɑːrtúːn]	몡 만화

390 **choose** [tʃuːz]	통 선택하다

192 **decide** [disáid]	통 ＿＿＿＿＿＿＿＿

755 **land** [lænd]	몡 땅, 육지 통 착륙시키다

184 **mind** [maind]	몡 마음 통 신경 쓰다, 꺼리다

643 **rule** [ruːl]	몡 규칙 통 통치하다

338 **suit** [suːt]	몡 정장 통 ＿＿＿＿＿＿＿＿

228 **touch** [tʌtʃ]	통 만지다 몡 ＿＿＿＿＿＿＿＿

466 **train** [trein]	몡 기차, 열차 통 교육시키다

235 **voice** [vɔis]	몡 목소리

197 **wonder** [wʌ́ndər]	통 ＿＿＿＿＿＿＿＿ 몡 놀라움

519 **almost** [ɔ́ːlmoust]	閈 거의

648 **gym** [dʒim]	몡 체육관

724 **happen** [hǽpən]	통 일어나다, 생기다

Answer

342 건강한   606 (탈 것에) 올라타다   512 모양, 형태; 몸매   615 도착하다   192 결정하다, 결심하다
338 (의복 등이) 어울리다; ~에 맞다   228 촉각   197 궁금해하다

DAY 37

빈출도 60회 이상

✎ 단어와 뜻을 읽으며 빈칸에 알맞은 말을 쓰세요.

676 **hobby** [명] ______
[hάbi]

015 **lovely** [형] 사랑스러운
[lʌ́vli]

711 **poster** [명] 포스터, 벽보
[póustər]

644 **prize** [명] 상
[praiz]

301 **restaurant** [명] 식당
[réstərənt]

756 **soil** [명] 땅, 흙
[sɔil]

205 **speech** [명] ______
[spiːtʃ]

255 **tower** [명] 탑
[táuər]

705 **act** [동] 연기하다; 행동하다
[ækt] [명] ______

652 **activity** [명] 활동
[æktívəti]

603 **airport** [명] 공항
[ɛ́ərpɔ̀ːrt]

030 **bright** [형] ______
[brait]

782 **heat** [명] 열기; 더위
[hiːt] [동] 가열하다

593 **low** [부] 낮게, 아래로
[lou] [형] 낮은; 기운이 없는

160 **nervous** [형] 불안해하는, 초조한
[nə́ːrvəs]

354 **post** [명] ______
[poust] [동] 게시하다; 발송하다

362 **pot** [명] 냄비; 병
[pαt]

769 **rock** [명] 바위, 암석
[rαk]

095 **scientist** [명] 과학자
[sáiəntist]

589 **side** [명] ______
[said]

073 **someone** [대] 어떤 사람, 누군가
[sʌ́mwʌ̀n]

270 **stair** [명] 계단
[stɛər]

Answer

676 취미 205 연설, 담화 705 행동 030 밝은; 빛나는 354 우편 589 옆면; 쪽

594 **top** [tɑp]	몡 _____	082 **designer** [dizáinər]	몡 디자이너
451 **traffic** [trǽfik]	몡 교통	482 **dirty** [də́ːrti]	혱 _____
761 **wave** [weiv]	몡 파도 동 _____	346 **dress** [dres]	몡 드레스 동 옷[정장]을 입다
797 **wet** [wet]	혱 젖은, 축축한	311 **fry** [frai]	동 _____
144 **wrap** [ræp]	동 포장하다, 싸다	105 **knock** [nɑk]	동 두드리다 몡 노크 소리
786 **climate** [kláimit]	몡 _____	379 **list** [list]	몡 목록, 명단 동 _____
216 **disagree** [dìsəgríː]	동 동의하지 않다	580 **near** [niər]	혱 가까운 전 ~에서 가까이에
199 **guess** [ges]	동 추측하다 몡 추측	415 **secret** [síːkrit]	몡 비밀
291 **spinach** [spínitʃ]	몡 시금치	421 **senior** [síːnjər]	몡 졸업반 학생; 연장자 혱 _____
541 **thousand** [θáuzənd]	몡 1000 혱 1000의; 수천의	473 **wheel** [hwiːl]	몡 바퀴; 핸들; (pl.) 승용차
051 **aunt** [ænt]	몡 고모, 이모, 숙모	625 **abroad** [əbrɔ́ːd]	뫼 _____
344 **button** [bʌ́tn]	몡 단추, 버튼 동 _____	764 **beach** [biːtʃ]	몡 해변, 바닷가
503 **deep** [diːp]	혱 깊은	785 **degree** [digríː]	몡 _____

05   10   15

702 **drama** 명 드라마, 연극
[drá:mə]

443 **dictionary** 명 _____
[díkʃənèri]

119 **enter** 동 들어가다; (대회에) 참가하다
[éntər]

161 **fear** 동 무서워하다
[fiər] 명 무서움

562 **final** 형 마지막의
[fáinəl]

736 **hospital** 명 병원
[háspitəl]

488 **huge** 형 _____
[hju:ʤ]

056 **husband** 명 남편
[házbənd]

414 **nickname** 명 별명
[níknèim]

265 **office** 명 사무실
[ɔ́(:)fis]

304 **plate** 명 _____
[pleit]

383 **sale** 명 (할인) 판매, 세일
[seil]

770 **sand** 명 모래
[sænd]

733 **stomachache** 명 _____
[stáməkèik]

508 **size** 명 크기
[saiz]

340 **style** 명 스타일, 방식
[stail]

246 **soft** 형 부드러운
[sɔ(:)ft]

734 **headache** 명 두통
[hédèik]

429 **solve** 동 _____
[sɑlv]

689 **holiday** 명 휴일; 휴가
[hálidèi]

660 **staff** 명 직원
[stæf]

189 **lucky** 형 운이 좋은, 다행스러운
[lʌ́ki]

612 **tour** 동 한 바퀴 돌다; 관광하다
[tuər] 명 관광

367 **stick** 명 막대기
[stik] 동 _____

639 **cheer** 동 응원하다
[tʃiər] 명 응원; 환호

577 **west** 명 서쪽 형 서쪽에 있는
[west] 부 서쪽으로

Answer

488 (크기가) 거대한   304 접시; 요리   429 풀다, 해결하다   443 사전   733 복통   367 붙이다; 찌르다

066 **adult** [ədʌ́lt, ǽdult]	몡 _____
074 **anyone** [éniwʌ̀n]	때 누구냐; 누구, 아무
385 **cheap** [tʃiːp]	휑 (값·요금이) 싼
406 **dear** [diər]	휑 소중한; 친애하는
771 **desert** [dézərt]	몡 사막
214 **example** [igzǽmpl]	몡 사례, 예
230 **flash** [flæʃ]	통 번쩍이다 몡 번쩍임
297 **grape** [greip]	몡 포도
279 **salt** [sɔːlt]	몡 소금
226 **sense** [sens]	몡 _____ 통 느끼다
796 **shower** [ʃáuər]	몡 소나기; 샤워 통 소나기가 오다
314 **slice** [slais]	통 _____ 몡 (얇게 자른) 조각
298 **strawberry** [strɔ́ːbèri]	몡 딸기

300 **tea** [tiː]	몡 차
696 **theater** [θí(ː)ətər]	몡 극장
694 **trick** [trik]	몡 마술; 속임수
499 **useful** [júːsfəl]	휑 도움이 되는, 유용한
397 **waste** [weist]	몡 낭비 통 낭비하다
747 **weigh** [wei]	통 _____
396 **bill** [bil]	몡 지폐; 청구서
356 **candle** [kǽndl]	몡 양초
008 **death** [deθ]	몡 죽음
104 **leave** [liːv]	통 두고 오다; 떠나다
369 **mobile** [móubəl]	휑 _____ 몡 모빌
335 **ring** [riŋ]	몡 고리, 반지
795 **storm** [stɔːrm]	몡 _____

Answer

066 어른, 성인　226 감각　314 (얇게) 자르다　747 무게가 ～이다　369 이동하기 쉬운　795 폭풍우

빈출도 40회 이상

✎ 단어와 뜻을 읽으며 빈칸에 알맞은 말을 쓰세요.

780 **cloud**
[klaud]
명 구름

382 **coupon**
[kjúːpɑn]
명 쿠폰, 할인권; 응모권

321 **dessert**
[dizə́ːrt]
명 _____

514 **dot**
[dɑt]
명 점

715 **excellent**
[éksələnt]
형 훌륭한

083 **firefighter**
[fáiərfàitər]
명 소방관

555 **period**
[píː)əriəd]
명 _____

308 **serve**
[səːrv]
동 (음식을) 제공하다;
(손님) 시중을 들다

774 **volcano**
[vɑlkéinou]
명 화산

690 **adventure**
[ədvéntʃər]
명 _____

172 **alone**
[əlóun]
형 외로운; 혼자
부 외로이; 혼자서

153 **angry**
[ǽŋgri]
형 화난, 성난

287 **beef**
[biːf]
명 소고기

542 **count**
[kaunt]
동 _____

453 **cross**
[krɔ(ː)s]
동 (가로질러) 건너다

738 **damage**
[dǽmidʒ]
동 해치다; 손상을 입히다
명 손상

088 **director**
[diréktər, dairéktər]
명 감독; 책임자

110 **drop**
[drɑp]
동 떨어뜨리다, 떨어지다
명 _____

501 **empty**
[émpti]
형 빈
동 비우다

651 **event**
[ivént]
명 행사; 사건

208 **express**
[iksprés]
동 _____

418 **fight**
[fait]
명 싸움
동 싸우다

Answer

321 후식, 디저트　　555 기간; 주기　　690 모험　　542 세다　　110 방울　　208 표현하다

387 **goods** [gudz]	몡 _____	431 **text** [tekst]	몡 본문; 글
350 **jeans** [dʒi:nz]	몡 청바지	196 **wish** [wiʃ]	동 _____ 몡 소망
063 **lady** [léidi]	몡 여성, 숙녀	361 **bin** [bin]	몡 통; 쓰레기통
794 **melt** [melt]	동 _____	666 **camping** [kǽmpiŋ]	몡 야영, 캠핑
278 **noodle** [nú:dl]	몡 국수	275 **church** [tʃəːrtʃ]	몡 교회
309 **order** [ɔ́ːrdər]	동 주문하다; 명령하다 몡 순서	597 **corner** [kɔ́ːrnər]	몡 구석; 모퉁이, 모서리
672 **playground** [pléigràund]	몡 운동장, 놀이터	341 **design** [dizáin]	동 디자인하다, 설계하다 몡 디자인
068 **princess** [prínsəs]	몡 공주	351 **hammer** [hǽmər]	몡 망치 동 망치로 치다
087 **producer** [prədjúːsər]	몡 제작자; 생산자	417 **harmony** [háːrməni]	몡 _____
143 **shake** [ʃeik]	동 흔들다, 흔들리다	305 **napkin** [nǽpkin]	몡 냅킨
791 **shine** [ʃain]	동 빛나다 몡 _____	315 **peel** [pi:l]	동 _____ 몡 껍질
498 **simple** [símpl]	혱 간단한	093 **poet** [póuit]	몡 시인
479 **strange** [streindʒ]	혱 이상한	661 **program** [próugræm]	몡 프로그램 동 프로그램을 짜다

546 **a bit**	조금, 약간	450 **major** [méidʒər]	몡 전공 동 전공하다
			혱 _____
064 **elderly** [éldərli]	혱 연세가 드신, 나이가 지긋한	007 **marry** [mǽri]	동 결혼하다
409 **favor** [féivər]	몡 _____	522 **part** [pɑːrt]	몡 부분; 일부
032 **lazy** [léizi]	혱 게으른	461 **path** [pæθ]	몡 길
272 **main** [mein]	혱 (가장) 큰, 주요한	667 **picnic** [píknik]	몡 소풍
535 **nothing** [nʌ́θiŋ]	떼 아무것도 (~ 없다)	691 **pleasure** [pléʒər]	몡 기쁨; 기쁜 일
	몡 _____		
183 **regret** [rigrét]	동 후회하다	343 **pocket** [pɑ́kit]	몡 주머니
	몡 후회		
511 **round** [raund]	혱 둥근	745 **recover** [rikʌ́vər]	동 _____
792 **clear** [kliər]	혱 맑은; 분명한; 확실한	372 **stuff** [stʌf]	몡 물건
637 **exercise** [éksərsàiz]	동 운동하다; 연습하다	509 **type** [taip]	몡 종류
	몡 운동; 연습		
013 **handsome** [hǽnsəm]	혱 잘생긴, 멋진	101 **action** [ǽkʃən]	몡 행동, 동작
656 **invite** [inváit]	동 _____	468 **airplane** [ɛ́ərplèin]	몡 비행기
232 **loud** [laud]	뮈 큰 소리로	148 **behave** [bihéiv]	동 _____
	혱 (소리가) 큰		

Answer

409 호의, 친절; 부탁   535 무, 무가치   656 초대하다   450 주요한   745 되찾다; 건강을 회복하다   148 행동하다

126 **blow** [동] (코를) 풀다; (바람이) 불다
[blou]

103 **build** [동] 짓다, 건설하다
[bild]

041 **calm** [형] ________
[kɑːm]

096 **captain** [명] 선장, 기장; 주장
[kǽptin]

079 **chef** [명] 요리사
[ʃef]

149 **chew** [동] ________
[tʃuː]

632 **climb** [동] 오르다; 등산을 가다
[klaim] [명] 등반

506 **common** [형] ________
[kámən]

107 **cover** [동] 덮다
[kʌ́vər] [명] 덮개

023 **curly** [형] 곱슬곱슬한
[kə́ːrli]

576 **east** [명] 동쪽 [형] 동쪽에 있는
[iːst] [부] 동쪽으로

164 **emotion** [명] ________
[imóuʃən]

419 **enemy** [명] 적
[énəmi]

206 **explain** [동] 설명하다
[ikspléin]

186 **fact** [명] ________
[fækt]

732 **fever** [명] 열
[fíːvər]

374 **frame** [명] 테; 틀, 뼈대
[freim]

700 **glove** [명] 장갑
[glʌv]

449 **grade** [명] 학년; 성적
[greid] [동] 성적을 주다

028 **honesty** [명] ________
[ánisti]

768 **jungle** [명] 정글, 밀림
[dʒʌ́ŋgl]

365 **lamp** [명] 등, 램프
[læmp]

089 **model** [명] (의류) 모델; (상품의)
[mádl] 디자인; 모범

478 **ordinary** [형] ________
[ɔ́ːrdənèri]

411 **partner** [명] 짝, 동료
[páːrtnər]

556 **past** [명] 과거
[pæst] [형] ________

Answer

041 침착한; 고요한 149 씹다; 물어뜯다 506 흔한; 공통의 164 감정 186 사실 028 정직, 솔직함 478 평범한; 보통의 556 지나간

DAY 39

빈출도 25회 이상

단어와 뜻을 읽으며 빈칸에 알맞은 말을 쓰세요.

763 **pond** [명] 연못
[pɑnd]

069 **queen** [명] 왕비
[kwiːn]

181 **remember** [동] 기억하다
[rimémbər]

617 **return** [동] ________
[ritə́ːrn]

444 **review** [동] 복습하다; 검토하다
[rivjúː] [명] 복습; 검토

163 **scared** [형] 무서워하는, 겁먹은
[skɛərd]

239 **sight** [명] ________
[sait]

245 **smooth** [형] (소리·맛이) 부드러운;
[smuːð] 매끈한

407 **social** [형] ________
[sóuʃəl]

244 **spicy** [형] 매콤한; 양념 맛이 강한
[spáisi]

048 **strict** [형] ________
[strikt]

019 **thin** [형] 마른; 얇은
[θin]

772 **wild** [형] 야생의; 사나운
[waild]

138 **yell** [동] ________
[jel]

598 **ahead** [부] 앞에, 앞으로
[əhéd]

247 **bitter** [형] ________
[bítər]

266 **company** [명] 회사
[kʌ́mpəni]

454 **drive** [동] 운전하다
[draiv]

386 **expensive** [형] ________
[ikspénsiv]

127 **feed** [동] 먹이를 주다
[fiːd]

551 **noon** [명] 정오, 낮 12시
[nuːn]

610 **route** [명] ________
[ruːt]

Answer

617 돌아가다[오다] 239 보기; 광경; 시력 407 사회적인; 사교적인 048 엄격한 138 소리치다, 외치다 247 (맛이) 쓴
386 비싼 610 경로, 노선

673 slide [slaid]	명 미끄럼틀; 미끄러짐 동 미끄러지다	302 kitchen [kítʃən]	명 부엌
020 slim [slim]	형 ＿＿＿＿＿＿	258 region [ríːdʒən]	명 ＿＿＿＿＿＿
257 area [ɛ́əriə]	명 구역; 지역	039 silly [síli]	형 바보 같은
654 balloon [bəlúːn]	명 풍선	236 whisper [hwíspər]	동 속삭이다 명 속삭임
330 belt [belt]	명 벨트, 허리띠	364 blanket [blǽŋkit]	명 담요
122 bend [bend]	동 ＿＿＿＿＿＿	605 crew [kruː]	명 승무원
316 boil [bɔil]	동 ＿＿＿＿＿＿	622 delay [diléi]	명 지연 동 미루다
026 character [kǽriktər]	명 성격	081 dentist [déntist]	명 치과 의사; 치과
395 coin [kɔin]	명 동전	031 dull [dʌl]	형 ＿＿＿＿＿＿
281 corn [kɔːrn]	명 옥수수; 곡식	085 engineer [èndʒəníər]	명 기술자
749 dead [ded]	형 죽은; 전원이 나간	355 envelope [énvəlòup]	명 ＿＿＿＿＿＿
750 die [dai]	동 죽다	752 environment [inváiərənmənt]	명 환경
268 entrance [éntrəns]	명 ＿＿＿＿＿＿	141 escape [iskéip]	동 ＿＿＿＿＿＿

Answer

020 날씬한   122 굽히다   316 끓다, 끓이다   268 입구; 입장   258 지방; 지역   031 따분한; 둔한; 칙칙한   355 봉투
141 달아나다, 탈출하다

| 447 | **exam** [igzém] | 명 시험 | 532 | **quite** [kwait] | 부 꽤, 상당히 |

447 **exam**
[igzém]
명 시험

412 **fellow**
[félou]
명 동료, 녀석

721 **folk**
[fouk]
형 _____
명 (pl.) 사람들

033 **friendly**
[fréndli]
형 친절한

274 **garage**
[gərá:ʤ]
명 차고

757 **hill**
[hil]
명 언덕; 경사로

131 **kick**
[kik]
동 차다
명 발길질

317 **mix**
[miks]
동 _____

572 **moment**
[móumənt]
명 잠시, 잠깐; 순간

233 **noisy**
[nɔ́izi]
형 시끄러운

292 **onion**
[ʌ́njən]
명 양파

349 **pants**
[pænts]
명 바지

391 **pay**
[pei]
동 _____

532 **quite**
[kwait]
부 꽤, 상당히

798 **rainbow**
[réinbòu]
명 무지개

070 **raise**
[reiz]
동 키우다; 들어 올리다; 모금하다

616 **reach**
[ri:tʃ]
동 도착하다, 이르다

284 **recipe**
[résəpì:]
명 조리법

229 **rough**
[rʌf]
형 _____

145 **rush**
[rʌʃ]
동 급히 움직이다, 서두르다

777 **season**
[sí:zən]
명 계절
동 _____

047 **serious**
[síəriəs]
형 진지한, 심각한

348 **skirt**
[skə:rt]
명 치마

727 **sore**
[sɔ:r]
형 아픈, 따가운

243 **sour**
[sáuər]
형 _____

578 **south**
[sauθ]
명 남쪽 형 남쪽에 있는
부 남쪽으로

Answer

721 **민속의**   317 **섞다**   391 **지불하다**   229 **거친; 대강의**   777 **양념하다**   243 **(맛이) 신**

474 **speed** [spi:d]	몧 속도	457 **gas** [gæs]	몧 휘발유; 기체, 가스
517 **square** [skwɛər]	혱 정사각형의 몧 정사각형	675 **outdoor** [áutdɔ̀:r]	혱 _____
714 **statue** [stǽtʃu:]	몧 _____	489 **poor** [puər]	혱 가난한; 불쌍한
674 **swing** [swiŋ]	몧 그네; 흔들기 통 흔들다	744 **relax** [rilǽks]	통 휴식을 취하다; 안심하다
072 **teenager** [tí:nèidʒər]	몧 십 대	371 **soap** [soup]	몧 비누
352 **towel** [táuəl]	몧 수건	331 **sock** [sɑk]	몧 양말 (한 쪽)
012 **ugly** [ʌ́gli]	혱 못생긴	310 **steam** [sti:m]	통 (음식을) 찌다 몧 _____
507 **unique** [ju:ní:k]	혱 _____	155 **upset** [ʌpsét]	혱 속상한 통 속상하게 하다
624 **view** [vju:]	몧 경치; 견해 통 _____	621 **baggage** [bǽgidʒ]	몧 수하물; (여행용) 짐
728 **weak** [wi:k]	혱 약한	452 **bridge** [bridʒ]	몧 다리
748 **wound** [wu:nd]	몧 상처 통 상처를 입히다	781 **dry** [drai]	혱 건조한, 마른 통 말리다
209 **advice** [ədváis]	몧 조언, 충고	067 **gentleman** [dʒéntlmən]	몧 신사
670 **aquarium** [əkwɛ́(:)əriəm]	몧 수족관	539 **pair** [pɛər]	몧 _____

Answer

714 (조각)상　507 독특한, 유일한　624 보다　675 야외의　310 증기; 수증기　539 쌍; 켤레

빈출도 24회 이하

✎ 단어와 뜻을 읽으며 빈칸에 알맞은 말을 쓰세요.

494 **thick**
[θik]
형 두꺼운; (안개 등이) 짙은

485 **tiny**
[táini]
형 _____

253 **bakery**
[béikəri]
명 빵집

282 **bean**
[bi:n]
명 콩

586 **beyond**
[bijánd]
전 _____

009 **birth**
[bəːrθ]
명 출생, 탄생

788 **breeze**
[bri:z]
명 산들바람

353 **camera**
[kǽmərə]
명 카메라

630 **champion**
[tʃǽmpiən]
명 챔피언, 우승자

212 **chat**
[tʃæt]
명 수다
동 _____

036 **clever**
[klévər]
형 영리한, 똑똑한

347 **cotton**
[kátn]
명 면화, 솜
형 면화의

641 **defend**
[difénd]
동 _____

225 **discuss**
[diskʌ́s]
동 토론하다, 상의하다

086 **farmer**
[fáːrmər]
명 농부

018 **fat**
[fæt]
형 뚱뚱한
명 _____

665 **firework**
[fáiərwəːrk]
명 불꽃놀이; 폭죽

602 **flight**
[flait]
명 항공편; 비행

102 **fold**
[fould]
명 접다

445 **goal**
[goul]
명 목표; 득점

671 **hiking**
[háikiŋ]
명 도보 여행, 하이킹

436 **level**
[lévəl]
명 _____

366	**mirror** [mírər]	명 거울	516	**triangle** [tráiæŋgl]	명 삼각형
751	**nature** [néitʃər]	명 자연	465	**truck** [trʌk]	명 트럭
294	**pear** [pɛər]	명 배	299	**watermelon** [wɔ́:tərmèlən]	명 수박
091	**pilot** [páilət]	명 조종사	504	**wide** [waid]	형 _____
190	**point** [pɔint]	명 (생각할) 부분; 의견; 요점 동 _____	076	**actor** [ǽktər]	명 배우
218	**receive** [risí:v]	동 받다	765	**coast** [koust]	명 _____
640	**score** [skɔːr]	동 득점하다 명 득점	384	**discount** [dískaunt, diskáunt]	명 할인 동 할인하다
043	**shy** [ʃai]	형 수줍어하는	741	**emergency** [imə́:rdʒənsi]	명 비상
476	**sleepy** [slí:pi]	형 졸린; 생기 없고 조용한	022	**neat** [niːt]	형 _____
704	**stage** [steidʒ]	명 무대; 단계	402	**neighbor** [néibər]	명 이웃 (사람) 동 이웃하다
240	**stare** [stɛər]	동 _____	168	**pity** [píti]	명 동정; 유감 동 동정하다
327	**tie** [tai]	동 _____ 명 넥타이	336	**purse** [pəːrs]	명 지갑; 핸드백
608	**tourist** [tú(:)ərist]	명 관광객	428	**quiz** [kwiz]	명 퀴즈

Answer

190 **가리키다**　240 **빤히 쳐다보다**　327 **묶다**　504 **폭이 ~인; 넓은**　765 **해안**　022 **깔끔한**

05   10   15

469 **rail**
[reil]
명 기차; 레일

707 **rhythm**
[ríðəm]
명 리듬; 주기

328 **scarf**
[skɑːrf]
명 스카프, 목도리

162 **afraid**
[əfréid]
형 무서워하는; 걱정하는

024 **blond**
[blɑnd]
형 금발의

158 **delight**
[diláit]
명 기쁨
동 _____

420 **elder**
[éldər]
형 손위의; 나이가 더 많은

662 **fair**
[fɛər]
명 전시회, 박람회; 축제 마당
형 _____

456 **fare**
[fɛər]
명 (교통) 요금

687 **film**
[film]
동 촬영하다
명 영화; 필름

040 **foolish**
[fúːliʃ]
형 _____

055 **grandparent**
[grǽndpɛ̀ərənt]
명 조부모, 할아버지, 할머니

631 **jog**
[dʒɑg]
명 조깅
동 조깅하다

059 **niece**
[niːs]
명 (여자) 조카, 조카딸

604 **passport**
[pǽspɔ̀ːrt]
명 여권

799 **rainfall**
[réinfɔ̀ːl]
명 _____

285 **salad**
[sǽləd]
명 샐러드

307 **service**
[sə́ːrvis]
명 서비스, 봉사

493 **sharp**
[ʃɑːrp]
형 날카로운

332 **sweater**
[swétər]
명 스웨터

363 **vase**
[veis]
명 _____

264 **apartment**
[əpáːrtmənt]
명 아파트

710 **brush**
[brʌʃ]
명 붓
동 빗다; 닦다

357 **chopstick**
[tʃɑ́pstik]
명 젓가락 (한 짝)

483 **correct**
[kərékt]
형 옳은; 정확한
동 _____

730 **cough**
[kɔ(ː)f]
명 기침
동 기침하다

Answer

158 아주 즐겁게 하다   662 공정한   040 어리석은   799 강우(량)   363 꽃병   483 바로잡다

614 **depart** [dipá:rt] 동 _____

269 **exit** [égzit, éksit] 명 출구

697 **fishing** [fíʃiŋ] 명 낚시; 어업

510 **flat** [flæt] 형 평평한, 납작한

773 **flood** [flʌd] 명 홍수 / 동 물에 잠기다

191 **focus** [fóukəs] 동 집중하다 / 명 _____

646 **football** [fútbò:l] 명 축구; 축구공

513 **form** [fɔ:rm] 동 형성되다; 형성하다 / 명 모양, 형태

536 **half** [hæf] 명 절반 / 한 절반의

027 **honest** [ánist] 형 _____

699 **knit** [nit] 동 뜨개질하다 / 명 니트

111 **lift** [lift] 동 _____

058 **nephew** [néfju:] 명 (남자) 조카

588 **over** [óuvər] 전 ~위로, ~위에 / 부 너머; ~이상

413 **peer** [piər] 명 또래, 동료

049 **polite** [pəláit] 형 _____

021 **skinny** [skíni] 형 깡마른

188 **thought** [θɔ:t] 명 생각, 사고

016 **charming** [tʃá:rmiŋ] 형 _____

078 **librarian** [laibrɛ́(:)əriən] 명 사서

290 **mushroom** [mʌ́ʃru(:)m] 명 버섯

295 **peach** [pi:tʃ] 명 복숭아; 복숭아색

460 **shortcut** [ʃɔ́:rtkʌ̀t] 명 _____

628 **training** [tréiniŋ] 명 훈련

325 **juicy** [dʒú:si] 형 _____

370 **laptop** [lǽptàp] 명 휴대용 컴퓨터

Answer

614 출발하다, 떠나다   191 주목; 초점   027 정직한   111 들어 올리다   049 공손한, 예의 바른   016 매력적인   460 지름길
325 즙이 많은

MEMO

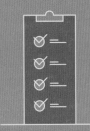

맞춰 보기

ANSWERS

Wrap Up DAY 01~04 pp. 37~38

A 01 연세가 드신, 나이가 지긋한　02 친절(함)　03 턱수염　04 엄격한　05 날씬한　06 어리석은　07 감독; 책임자　08 청년, 젊은이; 젊음　09 조종사　10 제작자; 생산자　11 깔끔한　12 심판, 판사; 심판하다; 판단하다　13 현명한, 지혜로운　14 선장, 기장; 주장　15 변호사　16 nephew　17 marry　18 polite　19 adult　20 skinny　21 honesty　22 smile　23 dentist　24 raise　25 character　26 age　27 curly　28 gentleman　29 dull　30 chef

B 01 birth　02 careful　03 care　04 poet　05 old　06 perfect　07 cousin　08 writer

C 01 말라　02 사서　03 십 대　04 영리한

Wrap Up DAY 05~08 pp. 63~64

A 01 소리치다, 외치다　02 감정　03 결정하다, 결심하다　04 행동, 동작　05 기쁨; 아주 즐겁게 하다　06 양해하다; 변명; 핑계　07 짓다, 건설하다　08 펴다; 늘이다　09 바라다, 원하다; 소망　10 굽히다　11 급히 움직이다, 서두르다　12 행동하다　13 추측하다; 추측　14 떨어뜨리다, 떨어지다; 방울　15 이해하다　16 fold　17 miss　19 kick　19 fantastic　20 expect　21 steal　22 regret　23 wrap　24 forget　25 roll　26 chew　27 consider　28 hide　29 suggest　30 plan

B 01 feel　02 surprised　03 lift　04 alone　05 fact　06 shake　07 pass　08 focus

C 01 상상할　02 덮어라　03 자랑스럽다　04 무서워서

교과서 필수 단어 확인하기 DAY 01~08 pp. 65~66

01 ③　02 ④　03 ①　04 ⑤　05 ①　06 ⑤
07 excuse　08 expect her to say

01 lazy(게으른), calm(차분한), strict(엄격한), serious(심각한)는 사람의 성격을 나타내지만, ③ curly(곱슬곱슬한)는 사람의 외모를 나타내는 단어이다.

02 〈보기〉의 짝지어진 단어는 형용사 - 부사의 관계이다. ①은 명사 - 형용사, ②는 명사/동사 - 명사, ③은 명사/동사 - 형용사, ⑤는 형용사 - 명사의 관계이고, ④가 〈보기〉와 같은 형용사 - 부사의 관계이다.

03 '~을 돌보다'는 take care of이고, '~을 조심하다'는 be careful with, '~을 자랑스러워하다'는 be proud of이다.

04 ⑤의 Everyone은 단수 취급하므로 is가 와야 한다.

05 William Shakespeare의 두 가지 직업에 대한 내용이 나오므로, '시인'의 의미인 ①이 적절하다.
　해석▶ William Shakespeare는 위대한 시인이자 작가이다. 그는 많은 훌륭한 작품을 썼다.

06 stretch one's legs는 '다리를 펴다'라는 뜻이다.
　해석▶ 쉬는 시간에, 나는 책상 아래에서 다리를 폈다.

07 '양해하다'와 '핑계'의 의미를 모두 가지고 있는 단어는 excuse이다.

08 '목적어가 ~할 것을 예상하다'는 〈expect + 목적어 + to 부정사〉 형태로 쓴다. 목적어가 '그녀'이므로 expect her to stay를 넣어 문장을 완성한다.

Wrap Up DAY 09~12 pp. 91~92

A 01 당근　02 속삭이다; 속삭임　03 국수　04 목소리　05 맛이 ~하다; 맛　06 회사　07 수다; 이야기를 나누다　08 구역; 지역　09 도서관　10 대화　11 빤히 쳐다보다　12 지방; 지역　13 마을　14 의견, 견해　15 감각; 느끼다　16 question　17 space　18 complain　19 thirsty　20 bookstore　21 speech　22 vegetable　23 disagree　24 exit　25 communicate　26 bitter　27 spinach　28 introduce　29 rough　30 recipe

B 01 sour　02 spicy　03 letter　04 example　05 tea　06 fruit　07 entrance　08 bakery

C 01 궁전　02 딸기　03 맛이 부드럽다　04 토론할

Wrap Up DAY 13~16

pp.117~118

A
01 후식, 디저트   02 우편; 게시하다; 발송하다
03 (돈을) 쓰다; (시간을) 보내다   04 섞다   05 이
동하기 쉬운; 모빌   06 물품; 항목   07 아주 맛있는
08 물건   09 접시; 요리   10 통; 쓰레기통
11 껍질을 벗기다; 껍질   12 (의복 등이) 꼭 맞다,
어울리다; 건강한   13 주문하다; 명령하다; 순서
14 자신의; 소유하다   15 쓰레기   16 jeans
17 juicy   18 expensive   19 boil   20 bill
21 kitchen   22 purse   23 blanket   24 candle
25 uniform   26 envelope   27 cotton   28 recycle
29 scarf   30 coin

B
01 cheap   02 waste   03 umbrella   04 plastic
05 design   06 wear   07 slice   08 hungry

C
01 식사   02 주머니   03 막대기   04 할인

교과서 필수 단어 확인하기 DAY 09~16

pp. 119~120

01 ③   02 ⑤   03 ②   04 ④   05 ①   06 ③
07 place   08 mix her up with her sister

01 touch(만지다), hear(듣다), smell(냄새 맡다), taste(맛보다)는 오감을 나타내는 단어이지만, ③ express(표현하다)는 오감과 관련이 없다.

02 answer(대답; 대답하다)와 반대의 의미를 가진 단어는 ⑤ question(질문; 문제)이다.

03 '~을 …에 가져가다'는 take ~ to ...이고, '지하철을 타다'는 take the subway, '사진을 찍다'는 take a picture 이다.

04 ④의 청바지는 jean이 아니고 jeans 또는 '~ 한 벌'을 나타내는 표현인 a pair of와 함께 쓰여 a pair of jeans 처럼 항상 복수형으로 쓴다.

05 치즈가 열로 인해 어떤 상태로 변화되는 것을 표현해야 하므로, '(맛이) 신'의 의미인 ①이 적절하다.
해석 그 열기는 치즈를 시게 만들었다.

06 고기의 맛이나 질감 같은 성질에 대해 표현해야 하므로, '즙이 많은'의 의미인 ③이 적절하다.
해석 그 고기는 매우 부드럽고 즙이 많았다.

07 '~을 두다'와 '장소'의 의미를 모두 가지고 있는 단어는 place이다.

08 'A를 B와 혼동하다'는 mix A up with B이다. 그녀와 그녀의 여동생을 혼동한 것이므로 her와 her sister를 써서 mix her up with her sister를 넣어 문장을 완성한다.

수능유형 확인하기 DAY 01~16

pp. 121~122

| 심경·분위기 파악하기 | ④

✓ **Word Check** 잡다 / 찾다, 발견하다 / 데려다주다 /
사람 / 보여 주다 / 가리키다 / 내리다 / 미소; 웃다 /
느끼다 / 듣다 / 누군가 / 운이 좋은

| 실용문 정보 파악하기 | ⑤

✓ **Word Check** 자신의 / 필요하다 / 플라스틱으로 된 /
병 / 종이 / 밀다 / 묶다 / 두고 오다, 남기다 / 공간

| 심경·분위기 파악하기 |
택시에 탄 'I'가 기사와 함께 휴대폰을 찾아 줘서 휴대폰 주인이 매우 고마워하는 상황이고, 이에 대해 'I' 또한 기분이 좋아졌다고 했다. 따라서 'I'의 심경으로 가장 적절한 것은 ④ '기쁜'이다.
해석 어느 날 나는 직장에 가려고 택시를 **잡았다**. 나는 뒷좌석에서 새로 출시된 휴대폰을 **발견했다**. 나는 운전사에게 "바로 전에 탔던 **사람**을 어디에 **데려다주셨습니까?**"라고 묻고 그에게 전화기를 **보여 줬다**. 그는 길을 걸어가는 한 소녀를 **가리켰다**. 우리는 그녀에게 (운전해서) 다가갔다. 나는 창문을 **내리고** 그녀에게 휴대폰에 대해 얘기했다. 그녀는 매우 고마워했다. 그녀의 얼굴을 보았을 때, 나는 그녀가 얼마나 고마워하는지를 알 수 있었다. 그녀의 **미소**는 나를 **웃게** 했고, 속으로도 정말 좋은 기분을 **느끼게** 만들었다. 그녀가 전화기를 되찾은 후, 나는 그녀를 지나치는 **누군가**가 "오늘 **운이 좋은** 날이군요!"라고 그녀에게 말하는 것을 **들었다**.

| 실용문 정보 파악하기 |

방법 5번과 6번에서 종이를 두 조각으로 잘라 요요의 양쪽 면에 붙이라고 했다. 따라서 글의 내용과 일치하지 않는 것은 ⑤이다.

해석 당신 **자신의** 요요를 만드는 방법

당신이 **필요한** 것:

- **플라스틱 병**뚜껑 2개 · 나사 1개
- 1미터 길이의 실 · **종이** 한 장
- 가위 · 풀

할 것:

1. 나사를 병뚜껑 1개의 중앙 안쪽에서 바깥쪽으로 **밀어라**.
2. 실을 나사의 중앙에 **묶어라**.
3. 병뚜껑과 다른 병뚜껑의 바깥쪽을 나사로 연결해라.
4. 두 병뚜껑 사이에 실을 위한 좁은 **공간을 남겨라**.
5. **종이** 한 장을 두 조각으로 잘라라.
6. 너의 새 요요의 양쪽에 그것들을 풀로 붙여라.

Wrap Up DAY 17~20

pp. 147~148

A 01 ~을 완전히 익히다; 달인　02 사회적인; 사교적인　03 평범한; 보통의　04 연결하다; 접속하다 05 동료, 녀석　06 아주 작은　07 복습하다; 검토하다; 복습; 검토　08 나누다; 공유하다　09 교통 10 또래, 동료　11 (크기가) 거대한　12 풀다, 해결하다　13 다른　14 졸업반 학생; 연장자; 고위의 15 전공; 전공하다; 주요한　16 relationship 17 help　18 graduate　19 shortcut　20 colorful 21 neighbor　22 matter　23 station　24 favor 25 mathematics　26 enemy　27 dictionary 28 hurry　29 subject　30 wrong

B 01 ride　02 simple　03 cross　04 goal 05 science　06 strange　07 classmate 08 harmony

C 01 두꺼운　02 도움이 되는　03 요금　04 별명

Wrap Up DAY 21~24

pp. 173~174

A 01 독특한, 유일한　02 저녁　03 정사각형의; 정사각형　04 ~의 다음에 오다; 따르다　05 흔한; 공통의　06 밖에서; 바깥쪽; ~의 바깥에　07 원 08 오른쪽; 오른쪽의; 오른쪽으로　09 빈; 비우다

10 마지막의　11 세다　12 평평한, 납작한　13 멀리; 대단히; 먼　14 조금, 약간　15 꽤, 상당히　16 heavy 17 pair　18 period　19 during　20 already 21 dot　22 weekend　23 straight　24 thousand 25 left　26 past　27 enough　28 triangle 29 beyond　30 early

B 01 number　02 round　03 center　04 whole 05 several　06 turn　07 corner　08 second

C 01 안에서　02 아무것도 없다　03 현재　04 깊고

교과서 필수 단어 확인하기 DAY 17~24

pp. 175~176

01 ⑤　02 ④　03 ②　04 ④　05 ③　06 ④ 07 present　08 have a word with

01 hour(시간), minute(분), second(초), future(미래)는 시간과 관련된 단어이지만, ⑤ matter(문제; 중요하다)는 관련이 없다.

02 〈보기〉의 단어는 inside(안에서) − outside(밖에서)의 반의어 관계이다. ①, ②, ③, ⑤는 모두 반의어 관계이지만, ④는 관련이 없다.

03 '~을 타고'는 〈by + 교통수단〉으로 나타내고, '~와 조화를 이루다'는 in harmony with, '~을 전공하다'는 major in이다.

04 ④의 books는 셀 수 있는 명사로, 셀 수 있는 명사를 수식하는 단위로는 few나 a few가 온다. a little은 셀 수 없는 명사를 수식한다.

05 언덕을 내려갈 때 줄여야 하는 것에 대한 내용이 와야 하므로, '속도'의 의미인 ③이 적절하다.
해석 언덕을 내려갈 때는 속도를 줄이세요.

06 a common interest는 '공통의 관심사'를 나타낸다.
해석 우리는 예술에 대한 공통의 관심사를 공유했다.

07 '현재'와 '선물'의 의미를 모두 가지고 있는 단어는 present이다.

08 '~와 잠깐 이야기를 하다'는 have a word with이다.

A 01 득점하다; 득점   02 휴일; 휴가   03 도착하다,
이르다 04 가입하다; 연결하다 05 체육관 06 모
으다, 수집하다   07 수하물; (여행용) 짐   08 장식
하다   09 경기장; 들판; 분야   10 야외의   11 해
외에서, 해외로 12 만화 13 축제 14 출발하다,
떠나다 15 초대하다 16 playground 17 airport
18 jog   19 aquarium   20 guide   21 climb
22 firework   23 defend   24 congratulate
25 delay   26 adventure   27 glove   28 stay
29 magic   30 throw

B 01 rule   02 picnic   03 practice   04 magazine
05 passport   06 visit   07 pleasure   08 interest

C 01 경로   02 미끄럼틀   03 활동   04 응원했다

A 01 그리다; 끌다; 제비뽑기 02 녹다; 녹이다 03 약한
04 숲   05 비상   06 계절; 양념하다   07 일
어나다, 생기다   08 홍수; 물에 잠기다   09 열
10 (조각)상   11 상처; 상처를 입히다   12 기후; 분
위기 13 훌륭한 14 땅, 흙 15 의학의 16 rainfall
17 create   18 headache   19 folk   20 patient
21 instrument   22 volcano   23 cloud
24 museum   25 desert   26 health   27 culture
28 island   29 shine   30 storm

B 01 degree 02 stomachache 03 wild 04 recover
05 famous   06 mountain   07 breeze   08 popular

C 01 무지개   02 환경   03 무게가 ~이다   04 역사

교과 **필수 단어 확인하기**   **DAY 25~32**
                                    pp. 229~230

01 ③   02 ①   03 ③   04 ④   05 ②   06 ④
07 patient   08 win the prize

01 trip(여행), travel(여행), baggage(여행용 짐), passport
(여권)는 여행과 관련된 단어이지만, ③ defend(방어하
다)는 관련이 없다.

02 film(영화)과 같은 의미인 것은 ① movie(영화)이다.

03 '~을 버리다'는 throw away이고, '소풍을 가다'는 go
on[for] a picnic, '~으로 유명하다'는 be famous for이다.

04 ④ '~ 한 쌍'이라는 의미의 a pair of와 함께 쓰이면 단
수형 glove가 아니라 복수형인 gloves가 온다. ①은 동
사 자리이므로 died가 와야 한다. ②는 type을 수식하는
형용사인 outdoor(야외의)가 와야 한다. outdoors(야외
에서)는 부사이다. ③ 문맥에 맞으려면 abroad(해외로)
가 와야 한다. aboard는 '(배·기차·비행기 등에) 탑승
한'의 의미이다. ⑤ prevent ~ from -ing는 '~가 -ing
하는 것을 막다'라는 의미이므로, go가 아닌 going이 와
야 한다.

05 문맥상 물을 찾기 힘든 장소여야 하므로, '사막'의 의미인
②가 적절하다.
해석▶ 사막에서는 물을 찾기가 쉽지 않다.

06 문맥상 날씨나 기후에 대해 설명하고 있으므로, '기후'의
의미인 ④가 적절하다.
해석▶ 이곳의 기후는 너무 덥거나 너무 춥다.

07 '환자'와 '참을성 있는'의 의미를 모두 가지고 있는 단어
는 patient이다.

08 '상을 타다'는 win the prize이다.

수능형 **확인하기**   **DAY 17~32**
                           pp. 231~232

| 글의 목적 찾기 | ⑤

✔ **Word Check** 영화 / 축제 / 초대하다 / 지난 / 직원 /
단원, 구성원 / 추억, 기억 / 대단한, 큰 / 다시 / 도움 /
곧; 빨리

| 글의 제목 찾기 | ①

✔ **Word Check** 활동 / 일어나다, 생기다 / 주위에 /
도로, 거리 / 빈 / 음악 / 머무르다 / 좌석, 자리 / 경치

| 글의 목적 찾기 |

상대방을 영화제 심사 위원으로 다시 모시기 위한 글이다. 따라서 이 글의 목적으로 가장 적절한 것은 ⑤ '영화제 심사 위원으로 위촉하려고'이다.

해석 ▶ Ellison 씨께

저는 2019년 Concord **영화제**의 조직위원장인 Jason Kelly입니다. 저는 선생님을 올해 **축제**의 심사 위원으로 **초대하고자** 이 이메일을 씁니다. **지난** 해에 저희는 선생님을 저희 **축제**에 심사 위원으로 모시게 되어 대단히 기뻤습니다. 저희 **직원 구성원들** 중 다수가 선생님에 대해 좋은 **기억**을 갖고 있습니다. 그들은 또한 선생님께서는 단연 최고의 심사 위원이셨고, 2018년 **영화제**를 **대단한** 성공작으로 만드셨다고 제게 말했습니다. 그들이 모두 강력하게 선생님을 추천했으므로, 저희는 선생님께 올해 **축제**를 위해서 **다시** 심사 위원으로 일해 주시기를 기꺼이 요청드리고 싶습니다. 저희 모두는 선생님의 공헌이 저희 **축제**에 **큰 도움**이 될 것으로 믿습니다. 선생님의 답변이 **곧** 오길 기대하고 있겠습니다.

진심을 담아

Jason Kelly 드림

| 글의 제목 찾기 |

글쓴이는 도시에서는 사람들의 생활과 활동이 중요하다고 말하면서 사람들은 다른 사람들 주위에 있고 싶어 하며, 대부분의 사람들이 다른 사람들을 잘 볼 수 있는 좌석을 이용하는 것을 선호한다고 설명한다. 따라서 이 글의 제목으로 가장 적절한 것은 ① '도시의 가장 큰 매력: 사람들'이다.

해석 ▶ 도시의 매력으로서 생활과 **활동**은 중요하다. 사람들은 일이 **일어나는** 곳에 모이고 다른 사람들 **주위에** 있고 싶어 한다. 만약 활기찬 **거리**와 **텅 빈 거리**, 두 종류의 **거리**가 있다면 대부분의 사람들은 생활과 **활동**이 있는 **거리**를 걷는 것을 선택할 것이다. 그 산책은 더 흥미롭고 더 안전하게 느껴질 것이다. 우리는 **거리** 어디에서나 사람들이 공연하거나 **음악**을 연주하는 것을 볼 수 있다. 이는 많은 사람들이 **머물며** 관람하도록 마음을 끈다. 또한, 대부분의 사람들은 도시 생활의 가장 좋은 **경치**를 제공하는 **좌석**과 다른 사람들을 **볼** 수 있는 **좌석**을 이용하는 것을 선호한다.

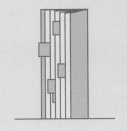

찾아보기
INDEX

A

a bit	157
a few	156
a little	151
above	168
abroad	179
act	203
action	39
activity	189
actor	31
adult	26
adventure	196
advice	67
afraid	52
afternoon	161
again	163
age	13
agree	68
ahead	169
airplane	137
airport	177
almost	151
alone	53
already	151
always	157
angry	51
answer	67
any	155
anyone	27
apartment	80
appear	39
aquarium	191
area	79
around	169
arrive	178
art	203
artist	31
aunt	25
away	179

B

back	169
backpack	179
bad	51
baggage	179
bake	94
bakery	79
balloon	189
band	195
baseball	183
basketball	183
beach	216
bean	85
beard	14
beautiful	14
beef	86
behave	47
believe	57
belt	99
bend	41
beyond	168
bicycle	136
bill	113
bin	106
birth	13
bitter	75
blanket	106
block	137
blond	15
blow	45
board	177
boil	94
bookstore	79
bored	53
both	155
bottle	106
bowl	93
brand	111
bread	85
break	40
breakfast	95
breeze	222

bridge	135
bright	19
bring	40
brush	204
build	39
building	79
button	101

C

calm	20
camera	105
camping	190
candle	105
captain	33
care	27
careful	20
carrot	86
carry	40
cartoon	195
catch	45
center	169
champion	183
change	39
character	19
charming	14
chat	68
cheap	112
cheer	184
chef	31
chew	47
child	26
choose	112
chopstick	105
church	81
circle	150
classmate	124
clean	141
clear	222
clever	20
climate	222
climb	183

fair	190	forest	215	hammer	105
fall	221	forget	57	handsome	14
famous	204	form	150	happen	205
fantastic	52	frame	107	hard	75
far	167	fresh	95	harmony	124
fare	135	friendly	19	hat	99
farm	80	friendship	125	headache	209
farmer	32	front	169	health	211
fashion	100	fruit	87	hear	74
fat	15	fry	94	heat	221
favor	123	full	149	heavy	151
favorite	195	funny	21	help	123
fear	52	future	161	hide	47
feed	45			hiking	191
feel	51			hill	215
fellow	124			history	205
festival	190	**G**		hit	45
fever	209			hobby	195
few	156	game	196	hold	39
field	185	garage	81	holiday	196
fight	125	gas	135	homework	129
film	196	gentleman	26	honest	19
final	162	glad	51	honesty	19
find	40	glass	107	hospital	210
fine	51	glove	197	hour	162
finish	41	goal	131	huge	142
firefighter	31	goods	112	hundred	156
firework	190	grade	131	hungry	93
first	163	graduate	131	hurry	143
fishing	197	grandparent	25	hurt	210
fit	100	grape	87	husband	25
flash	73	great	142		
flat	150	green	143		
flight	177	group	123	**I**	
flood	217	guess	59		
floor	81	guide	177	idea	58
fly	177	gym	185	imagine	59
focus	58			inside	168
fold	39			instrument	203
folk	205			interest	196
follow	163	**H**		interesting	53
foolish	20			introduce	69
football	185	half	156	invite	189
		hall	81		

DAY 32 날씨, 계절

MP3

776	weather	날씨
777	season	계절; 양념하다
778	fall	가을; 낙하; 떨어지다; 넘어지다
779	sky	하늘
780	cloud	구름
781	dry	건조한, 마른; 말리다
782	heat	열기; 더위; 가열하다
783	warm	따뜻하게 하다; 따뜻한
784	sunny	화창한
785	degree	(온도·각도 단위인) 도; 정도; 학위
786	climate	기후, 풍토
787	wind	바람
788	breeze	산들바람
789	cool	식히다; 시원한, 멋진
790	light	밝은; 가벼운; 전등; 빛; 불을 밝히다
791	shine	빛나다; 광기
792	clear	맑은; 분명한; 확실한
793	snow	눈; 눈 내리다
794	melt	녹다; 녹이다
795	storm	폭풍우
796	shower	소나기; 샤워; 소나기가 오다
797	wet	젖은, 축축한
798	rainbow	무지개
799	rainfall	강우(량)
800	rain	비가 오다; 비

DAY 01 외모, 인상

MP3

001	life	삶, 인생
002	live	살다
003	age	나이; 시대
004	young	어린, 젊은
005	old	나이가 많은, 늙은
006	youth	청년, 젊은이; 젊음
007	marry	결혼하다
008	death	죽음
009	birth	출생, 탄생
010	cute	귀여운
011	pretty	예쁜, 귀여운; 어느 정도로, 꽤
012	ugly	못생긴
013	handsome	잘생긴, 멋진
014	beautiful	아름다운
015	lovely	사랑스러운
016	charming	매력적인
017	beard	턱수염
018	fat	뚱뚱한; 지방, 비계
019	thin	마른; 얇은
020	slim	날씬한
021	skinny	깡마른
022	neat	깔끔한
023	curly	곱슬곱슬한
024	blond	금발의
025	tall	키가 큰

DAY 31
자연
환경

MP3

751	nature	자연
752	environment	환경
753	forest	숲
754	star	별; 스타
755	land	땅, 육지; 착륙시키다
756	soil	땅, 흙
757	hill	언덕; 경사로
758	island	섬
759	mountain	산
760	river	강
761	wave	파도; (손을) 흔들다; 흔들리다
762	lake	호수
763	pond	연못
764	beach	해변, 바닷가
765	coast	해안
766	ocean	대양, 바다
767	world	세상, 세계
768	jungle	정글, 밀림
769	rock	바위, 암석
770	sand	모래
771	desert	사막
772	wild	야생의; 사나운
773	flood	홍수; 물에 잠기다
774	volcano	화산
775	earth	지구; 세상; 땅

DAY 02
성격,
태도

MP3

026	character	성격
027	honest	정직한
028	honesty	정직, 솔직함
029	true	진실한; 사실인, 진짜의
030	bright	밝은; 빛나는
031	dull	따분한; 둔한; 칙칙한
032	lazy	게으른
033	friendly	친절한
034	perfect	완벽한
035	nice	다정한, 친절한; 훌륭한
036	clever	영리한, 똑똑한
037	smart	똑똑한, 영리한
038	wise	현명한, 지혜로운
039	silly	바보 같은
040	foolish	어리석은
041	calm	침착한; 고요한
042	careful	조심하는
043	shy	수줍어하는
044	quiet	조용한
045	funny	웃긴, 재미있는
046	smile	미소; 웃다
047	serious	진지한, 심각한
048	strict	엄격한
049	polite	공손한, 예의 바른
050	kindness	친절(함)

DAY 30 — 건강, 의사

MP3

726	sick	아픈
727	sore	아픈, 따가운
728	weak	약한
729	disease	(질)병
730	cough	기침; 기침하다
731	cold	감기; 차가운, 추운
732	fever	열
733	stomachache	복통
734	headache	두통
735	patient	환자; 인내심이 강한
736	hospital	병원
737	hurt	상하게 하다; 아프다; 상처를 입은
738	damage	해치다; 손상을 입히다; 손상
739	wash	씻다, 세척하다
740	medical	의학의
741	emergency	비상
742	prevent	예방하다; 막다
743	rest	휴식; 나머지; 쉬다
744	relax	휴식을 취하다; 안심하다
745	recover	되찾다; 건강을 회복하다
746	health	건강
747	weigh	무게가 ~이다
748	wound	상처; 상처를 입히다
749	dead	죽은; 전원이 나간
750	die	죽다

DAY 03 — 가족, 호칭

MP3

051	aunt	고모, 이모, 숙모
052	uncle	삼촌, 고모부, 이모부
053	daughter	딸
054	parent	부모, 아버지, 어머니
055	grandparent	조부모, 할아버지, 할머니
056	husband	남편
057	wife	아내
058	nephew	(남자) 조카
059	niece	(여자) 조카, 조카딸
060	cousin	사촌
061	person	사람
062	woman	여자
063	lady	여성, 숙녀
064	elderly	연세가 드신, 나이가 지긋한
065	child	아이, 어린이
066	adult	어른, 성인
067	gentleman	신사
068	princess	공주
069	queen	왕비
070	raise	키우다; 들어 올리다; 모으다
071	care	돌봄; 조심; 돌보다; 상관하다
072	teenager	십 대
073	someone	어떤 사람, 누군가
074	anyone	어떤 사람; 누가, 아무
075	everyone	모든 사람

DAY 29 예술, 문화

701	art	예술, 미술
702	drama	드라마, 연극
703	story	이야기
704	stage	무대; 단계
705	act	연기하다; 행동하다; 행동
706	sing	노래하다
707	rhythm	리듬; 주기
708	instrument	악기; 기구
709	music	음악
710	brush	붓; 빗다; 닦다
711	poster	포스터, 벽보
712	draw	그리다; 끌다; 제비뽑기
713	color	색깔; 색칠하다
714	statue	(조각)상
715	excellent	훌륭한
716	popular	인기 있는
717	famous	유명한
718	culture	문화
719	history	역사
720	museum	박물관; 미술관
721	folk	민속의; (pl.) 사람들
722	ticket	표
723	create	만들다; 창조하다
724	happen	일어나다, 생기다
725	photograph	사진; 사진을 찍다

DAY 04 직업

076	actor	배우
077	artist	화가, 예술가
078	librarian	사서
079	chef	요리사
080	lawyer	변호사
081	dentist	치과 의사; 치과
082	designer	디자이너
083	firefighter	소방관
084	writer	작가
085	engineer	기술자
086	farmer	농부
087	producer	제작자; 생산자
088	director	감독; 책임자
089	model	(의류) 모델; (상품의) 디자인; 모범
090	judge	심판; 판사; 심판하다; 판단하다
091	pilot	조종사
092	job	직업
093	poet	시인
094	player	선수
095	scientist	과학자
096	captain	선장, 기장; 주장
097	doctor	의사
098	singer	가수
099	reporter	기자
100	teacher	선생님, 교사

676	hobby	취미
677	band	밴드, 악단; 끈
678	join	가입하다; 연결하다
679	song	노래
680	drum	드럼; 북; 드럼(북)을 치다
681	paint	페인트를 칠하다; 그리다; 페인트
682	cartoon	만화
683	picture	사진; 그림
684	favorite	가장 좋아하는; 좋아하는 사람[물건]
685	magazine	잡지
686	game	게임, 경기, 시합
687	film	촬영하다; 영화; 필름
688	movie	영화
689	holiday	휴일; 휴가
690	adventure	모험
691	pleasure	기쁨; 기쁜 일
692	interest	관심사; 관심, 흥미
693	magic	마법, 마술
694	trick	마술; 속임수
695	dance	춤; 춤을 추다
696	theater	극장
697	fishing	낚시; 어업
698	collect	모으다, 수집하다
699	knit	뜨개질하다; 니트
700	glove	장갑

101	action	행동, 동작
102	fold	접다
103	build	짓다, 건설하다
104	leave	두고 오다; 떠나다
105	knock	두드리다; 노크 소리
106	change	바꾸다, 변화하다, 잔돈
107	cover	덮다; 덮개
108	appear	나타나다
109	hold	들고[잡고] 있다; 유지하다
110	drop	떨어뜨리다, 떨어지다; 방울
111	lift	들어 올리다
112	bring	가져오다
113	carry	나르다; 가지고 다니다
114	steal	훔치다
115	find	찾다, 발견하다; ~을 알아내다
116	break	깨다, 부수다; 쉬는 시간; 휴식
117	keep	유지하다
118	strike	치다; 때리다
119	enter	들어가다 (대회에) 참여하다
120	pull	끌어[당겨] 당기다
121	push	밀다; 밀기
122	bend	굽히다
123	stretch	펴다; 늘이다
124	start	시작하다; 시작, 출발
125	finish	끝내다, 마치다

651	event		행사, 사건
652	activity		활동
653	party		파티
654	balloon		풍선
655	decorate		장식하다
656	invite		초대하다
657	visit		방문하다; 방문
658	congratulate		축하하다; 기뻐하다
659	special		특별한
660	staff		직원
661	program		프로그램; 프로그램을 짜다
662	fair		전시회, 박람회; 축제 마당; 공정한
663	festival		축제
664	line		선, 줄; ~을 따라 줄을 세우다
665	firework		불꽃놀이; 폭죽
666	camping		야영, 캠핑
667	picnic		소풍
668	concert		연주회, 콘서트
669	contest		대회, 시합
670	aquarium		수족관
671	hiking		도보 여행, 하이킹
672	playground		운동장, 놀이터
673	slide		미끄럼틀; 미끄러짐; 미끄러지다
674	swing		그네; 흔들기; 흔들리다
675	outdoor		야외의

DAY 27

행사,
야외
활동

MP3

126	blow		(코를) 풀다; (바람이) 불다
127	feed		먹이를 주다
128	meet		만나다
129	stand		서 있다; 일어서다
130	roll		굴러가다[오다]
131	kick		차다; 발길질
132	laugh		(소리 내어) 웃다
133	hit		치다, 때리다; 치기, 타격
134	catch		잡다; (병에) 걸리다
135	pass		건네주다; 지나가다; 합격하다
136	jump		뛰다, 점프하다
137	shout		소리치다, 외치다
138	yell		소리치다, 외치다
139	read		읽다
140	send		보내다, 전하다
141	escape		달아나다, 탈출하다
142	put		놓다, 두다
143	shake		흔들다, 흔들리다
144	wrap		포장하다, 싸다
145	rush		급히 움직이다, 서두르다
146	hide		감추다; 숨다
147	try		노력하다; 시도하다; 시도
148	behave		행동하다
149	chew		씹다; 물어뜯다
150	stop		멈추다; 끝나다; 멈춤; 정류장

DAY 06

행동,
동사 2

MP3

DAY 26 운동, 스포츠

626	energy	힘, 기력
627	team	팀
628	training	훈련
629	practice	연습; 연습하다
630	champion	챔피언, 우승자
631	jog	조깅; 조깅하다
632	climb	오르다; 등산을 가다; 등반
633	baseball	야구; 야구공
634	basketball	농구; 농구공
635	match	경기; 경쟁 상대; 어울리다
636	race	경주; 인종; 경주하다, 경쟁하다
637	exercise	운동하다; 연습하다; 운동; 연습
638	sport	운동, 경기
639	cheer	응원하다; 응원; 환호
640	score	득점하다; 득점
641	defend	지키다, 방어하다
642	throw	던지다; 던지기
643	rule	규칙; 통치하다
644	prize	상
645	ready	준비가 된
646	football	축구; 축구공
647	field	경기장; 들판; 분야
648	gym	체육관
649	lose	지다; 잃다
650	win	이기다; 따다

DAY 07 기분, 감정

151	feel	느끼다
152	bad	안 좋은; 나쁜
153	angry	화난; 성난
154	worry	걱정하다; 걱정
155	upset	속상한; 속상하게 하다
156	fine	괜찮은; 좋은; 건강한; 괜찮게
157	enjoy	즐기다, 즐거워하다
158	delight	기쁨; 아주 즐겁게 하다
159	glad	기쁜, 반가운
160	nervous	불안해하는, 초조한
161	fear	무서워하다; 무서움
162	afraid	무서워하는, 두려운
163	scared	무서워하는, 겁먹은
164	emotion	감정
165	fantastic	환상적인, 굉장한
166	surprised	놀란
167	proud	자랑스러워하는
168	pity	동정; 유감; 동정하다
169	miss	그리워하다; 놓치다
170	excuse	양해하다; 변명; 핑계
171	thank	감사하다
172	alone	외로운; 혼자; 외로이; 혼자서
173	bored	지루해하는
174	interesting	재미있는
175	excited	신이 난; 흥분한

DAY 25 여행

601	fly	날다; 비행기로 가다; 파리
602	flight	항공편; 비행
603	airport	공항
604	passport	여권
605	crew	승무원
606	board	(탈 것에) 올라타다; 판자
607	guide	안내하다; 안내인
608	tourist	관광객
609	vacation	방학, 휴가
610	route	경로, 노선
611	trip	여행
612	tour	한 바퀴 돌다; 관광하다; 관광
613	travel	여행하다; 여행
614	depart	출발하다, 떠나다
615	arrive	도착하다
616	reach	도착하다, 이르다
617	return	돌아가다[오다]
618	away	멀리; 떨어져
619	stay	머무르다; 머무름
620	backpack	배낭; 배낭여행하다
621	baggage	수하물; (여행용) 짐
622	delay	지연; 미루다
623	memory	추억, 기억(력)
624	view	경치; 견해; 보다
625	abroad	해외에서, 해외로

DAY 08 생각, 사고

176	believe	믿다
177	realize	깨닫다
178	consider	고려하다; (~으로) 여기다
179	suggest	제안하다
180	plan	계획; 계획하다
181	remember	기억하다
182	forget	잊다
183	regret	후회하다; 후회
184	mind	마음; 신경 쓰다, 꺼리다
185	need	필요하다; 필요
186	fact	사실
187	idea	생각, 발상
188	thought	생각, 사고
189	lucky	운이 좋은, 다행스러운
190	point	(생각할) 부분; 의견; 요점; 가리키다
191	focus	집중하다; 주목; 초점
192	decide	결정하다, 결심하다
193	sure	확신하는; 그럼요
194	wonderful	훌륭한, 멋진
195	understand	이해하다
196	wish	바라다, 원하다; 소망
197	wonder	궁금해하다; 놀라움
198	imagine	상상하다
199	guess	추측하다; 추측
200	expect	예상하다, 기대하다

DAY 24
방향, 위치
MP3

576	east	동쪽; 동쪽에 있는; 동쪽으로
577	west	서쪽; 서쪽에 있는; 서쪽으로
578	south	남쪽; 남쪽에 있는; 남쪽으로
579	north	북쪽; 북쪽에 있는; 북쪽으로
580	near	가까운; ~에서 가까이에
581	far	멀리; 대단히 먼
582	left	왼쪽; 왼쪽의; 왼쪽으로
583	right	오른쪽; 오른쪽의; 오른쪽으로
584	straight	똑바로; 곧은
585	through	~을 통과해; ~사이로
586	beyond	넘어서는; ~의 저쪽에
587	above	위에; ~보다 위로
588	over	~위로, ~위에; ~이상
589	side	옆면; 쪽
590	inside	안에서; 안쪽; ~의 안에
591	outside	밖에서; 바깥쪽; ~의 바깥에
592	middle	중앙; 가운데의
593	low	낮게, 아래로; 낮은; 기운이 없는
594	top	꼭대기; 윗면; 최고
595	around	이리저리; 사방에서; 주위에
596	center	중심; 가운데; 종합 시설
597	corner	구석; 모퉁이, 모서리
598	ahead	앞에, 앞으로
599	back	뒤쪽; 등(배); 뒤로
600	front	앞; 앞의

DAY 09
의사소통
MP3

201	communicate	의사소통하다
202	question	질문; 문제
203	answer	대답하다; 대답
204	speak	말하다
205	speech	연설; 담화
206	explain	설명하다
207	promise	약속하다; 약속
208	express	표현하다
209	advice	조언; 충고
210	write	쓰다; 편지하다
211	letter	편지; 글자
212	chat	수다; 이야기를 나누다
213	dialogue	대화
214	example	사례, 예
215	opinion	의견, 견해
216	disagree	동의하지 않다
217	agree	동의하다
218	receive	받다
219	complain	불평하다
220	show	보여 주다; 쇼, 프로그램
221	introduce	소개하다
222	welcome	환영하다
223	repeat	반복하다
224	mean	~을 뜻하다(의미하다); 못된
225	discuss	토론하다, 상의하다

DAY 23 시간, 순서

551	noon	정오, 낮 12시
552	afternoon	오후
553	evening	저녁
554	weekend	주말
555	period	기간; 주기
556	past	과거; 지나간
557	present	현재; 선물; 현재의; 참석한
558	future	미래
559	later	나중에
560	ever	항상; 언제나
561	then	그 다음에; 그러면; 그때
562	final	마지막의
563	last	지난; 최후의; 최근에; 지속하다
564	hour	시간
565	minute	분
566	second	초; 둘째 번의; 둘째로
567	turn	차례; 돌다; 변하다
568	late	늦은; 늦게
569	early	일찍; 이른
570	again	다시
571	first	첫 번째의; 처음; 우선
572	moment	잠시, 잠깐; 순간
573	soon	곧; 빨리
574	follow	~의 다음에 오다; 따르다
575	during	~ 동안

DAY 10 감각

226	sense	감각; 느끼다
227	smell	냄새가 나다; 냄새
228	touch	만지다; 촉각
229	rough	거친; 대강의
230	flash	번쩍이다; 번쩍임
231	notice	~을 알아차리다; 안내문
232	loud	큰 소리로; (소리가) 큰
233	noisy	시끄러운
234	sound	소리; ~하게 들리다
235	voice	목소리
236	whisper	속삭이다; 속삭임
237	hear	듣다; 들리다
238	listen	듣다
239	sight	보기; 광경; 시력
240	stare	빤히 쳐다보다
241	watch	보다; 손목시계
242	look	보이다; 보다; (pl.) 외모
243	sour	(맛이) 신
244	spicy	매콤한; 양념 맛이 강한
245	smooth	(소리·맛이) 부드러운; 매끈한
246	soft	부드러운
247	bitter	(맛이) 쓴
248	thirsty	목이 마른
249	hard	막막한; 어려운; 힘든; 열심히
250	taste	맛이 ~하다; 맛

DAY 22 비교, 수, 양

MP3

526	both	둘 다; 둘 다의
527	each	각각의; 각각
528	some	몇 개의, 약간의; 약간
529	any	어떤; 얼마간의
530	every	모든
531	several	여러 개의
532	quite	꽤, 상당히
533	enough	충분한; 충분히
534	much	많은; 많이
535	nothing	아무것도 (~없다); 무, 무가치
536	half	절반; 절반의
537	few	거의 없는
538	a few	조금의
539	pair	쌍; 켤레
540	hundred	100의; 수백의; 100
541	thousand	1000; 1000의; 수천의
542	count	세다
543	only	유일한; 오직
544	usually	보통, 평소에
545	often	자주; 보통
546	a bit	조금, 약간
547	always	항상
548	sometimes	때때로
549	never	절대[한 번도] ~않다
550	number	숫자, 번호

DAY 11 장소, 지역

MP3

251	building	건물
252	library	도서관
253	bakery	빵집
254	bookstore	서점
255	tower	탑
256	space	공간, 장소; 우주
257	area	구역; 지역
258	region	지방; 지역
259	country	나라; 시골
260	palace	궁전
261	farm	농장
262	town	마을, (소)도시; 시내
263	village	마을
264	apartment	아파트
265	office	사무실
266	company	회사
267	place	장소; 놓다, 두다
268	entrance	입구; 입장
269	exit	출구
270	stair	계단
271	floor	바닥; (건물의) 층
272	main	(가장) 큰, 주요한
273	hall	홀, 회관; 복도
274	garage	차고
275	church	교회

501	empty	빈; 비우다
502	full	가득 찬; 배가 부른
503	deep	깊은
504	wide	폭이 ~인; 넓은
505	long	긴, 오랜; 오랫동안
506	common	흔한; 공통의
507	unique	독특한, 유일한
508	size	크기
509	type	종류
510	flat	평평한, 납작한
511	round	둥근
512	shape	모양, 형태; 몸매; 형성하다
513	form	형성되다; 형성하다; 모양, 형태
514	dot	점
515	circle	원
516	triangle	삼각형
517	square	정사각형의; 정사각형
518	heavy	무거운
519	almost	거의
520	already	벌써, 이미
521	once	한 번; ~하자마자
522	part	부분; 일부
523	whole	전체의
524	little	작은; 거의 없는
525	a little	조금; 약간의

DAY 21

모양,
정도

MP3

276	rice	밥, 쌀, 벼
277	bread	빵
278	noodle	국수
279	salt	소금
280	sugar	설탕
281	corn	옥수수; 곡식
282	bean	콩
283	snack	간식
284	recipe	조리법
285	salad	샐러드
286	vegetable	채소, 야채
287	beef	소고기
288	meat	고기
289	carrot	당근
290	mushroom	버섯
291	spinach	시금치
292	onion	양파
293	fruit	과일; 열매
294	pear	배
295	peach	복숭아; 복숭아색
296	potato	감자
297	grape	포도
298	strawberry	딸기
299	watermelon	수박
300	tea	차

DAY 12

음식

MP3

DAY 20 — 사람·사물 묘사

476	sleepy	졸린; 생기 없고 조용한
477	strong	강한
478	ordinary	평범한; 보통의
479	strange	이상한
480	metal	금속
481	clean	깨끗한; 깔끔한; 닦다, 청소하다
482	dirty	더러운
483	correct	옳은; 정확한; 바로잡다
484	wrong	잘못된; 틀린
485	tiny	아주 작은
486	great	대단한; 좋은; (크기가) 큰
487	large	(크기가) 큰; 많은
488	huge	거대한
489	poor	가난한; 불쌍한
490	rich	부유한
491	same	같은
492	different	다른
493	sharp	날카로운
494	thick	두꺼운; (안개 등이) 짙은
495	green	초록색의; 환경 보호의; 초록색
496	colorful	형형색색의
497	hurry	서두름; 서두르다
498	simple	간단한
499	useful	도움이 되는, 유용한
500	well	잘, 좋게; 우물; 좋아

DAY 13 — 요리, 식단

301	restaurant	식당
302	kitchen	부엌
303	bowl	그릇, 사발
304	plate	접시; 요리
305	napkin	냅킨
306	hungry	배고픈, 굶주린
307	service	서비스, 봉사
308	serve	(음식을) 제공하다; (손님) 시중을 들다
309	order	주문하다; 명령하다; 순서
310	steam	(음식을) 찌다; 증기; 수증기
311	fry	(기름에) 굽다, 튀기다
312	bake	(빵 따위를) 굽다
313	cook	요리하다; 요리사
314	slice	(얇게) 자르다; (얇게 자른) 조각
315	peel	껍질을 벗기다; 껍질
316	boil	끓다, 끓이다
317	mix	섞다
318	meal	식사, 끼니
319	breakfast	아침 식사
320	dinner	저녁 식사; 정찬
321	dessert	후식, 디저트
322	sweet	달콤한
323	delicious	아주 맛있는
324	fresh	신선한; 상쾌한
325	juicy	즙이 많은

451	traffic	교통
452	bridge	다리
453	cross	(가로질러) 건너다
454	drive	운전하다
455	ride	(말·차량 등을) 타다; 타기
456	fare	(교통) 요금
457	gas	휘발유; 기체, 가스
458	sign	표지판; 신호; 서명하다
459	wait	기다리다
460	shortcut	지름길
461	path	길
462	road	도로
463	street	도로, 거리
464	bicycle	자전거
465	truck	트럭
466	train	기차, 열차; 교육시키다
467	subway	지하철
468	airplane	비행기
469	rail	기차; 레일
470	station	정류장, 역
471	block	블록, 구역; 막다
472	connect	연결하다; 접속하다
473	wheel	바퀴; 핸들; (pl.) 승용차
474	speed	속도
475	seat	좌석, 자리

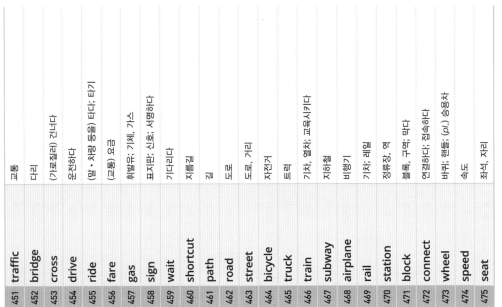

DAY 19
교통, 교통수단

MP3

326	wear	입다; 쓰다
327	tie	묶다; 넥타이
328	scarf	스카프, 목도리
329	hat	모자
330	belt	벨트, 허리띠
331	sock	양말 (한 쪽)
332	sweater	스웨터
333	jacket	재킷, 반코트
334	shirt	셔츠
335	ring	고리, 반지
336	purse	지갑; 핸드백
337	clothes	옷, 의복
338	suit	정장; (의복 등이) 어울리다; ~에 맞다
339	fashion	패션, 유행
340	style	스타일, 방식
341	design	디자인하다, 설계하다; 디자인
342	fit	(의복 등이) 꼭 맞다, 어울리다; 건강한
343	pocket	주머니
344	button	단추, 버튼; 단추를 잠그다
345	uniform	교복, 제복, 유니폼
346	dress	드레스; 옷 (정장)을 입다
347	cotton	면화, 솜; 면화의
348	skirt	치마
349	pants	바지
350	jeans	청바지

DAY 14
의복, 패션

MP3

426	homework	숙제
427	problem	문제
428	quiz	퀴즈
429	solve	풀다, 해결하다
430	easy	쉬운
431	text	본문; 글
432	mathematics	수학
433	science	과학
434	subject	과목; 주제
435	master	~을 완전히 익히다; 달인
436	level	수준; 높이; 정도
437	lesson	수업; 교훈
438	course	강의, 강좌
439	learn	배우다
440	study	공부하다; 공부
441	teach	가르치다
442	word	단어, 말
443	dictionary	사전
444	review	복습하다; 검토하다; 복습; 검토
445	goal	목표; 득점
446	graduate	졸업하다; 졸업자
447	exam	시험
448	test	시험; 시험하다; 검사하다
449	grade	학년; 성적; 성적을 주다
450	major	전공; 전공하다; 주요한

351	hammer	망치; 망치로 치다
352	towel	수건
353	camera	카메라
354	post	우편; 게시하다; 발송하다
355	envelope	봉투
356	candle	양초
357	chopstick	젓가락 (한 짝)
358	paper	종이; 신문; 과제물
359	trash	쓰레기
360	bottle	병
361	bin	통; 쓰레기통
362	pot	냄비; 병
363	vase	꽃병
364	blanket	담요
365	lamp	등, 램프
366	mirror	거울
367	stick	막대기; 붙이다; 찌르다
368	plastic	플라스틱; 플라스틱으로 된
369	mobile	이동하는 식는; 모빌
370	laptop	휴대용 컴퓨터
371	soap	비누
372	stuff	물건
373	umbrella	우산
374	frame	테; 틀, 뼈대
375	glass	(pl.) 안경; 유리

401	relationship	관계
402	neighbor	이웃 (사람); 이웃하다
403	club	동아리, 동호회
404	member	단원, 구성원
405	group	무리; 무리를 짓다; 분류하다
406	dear	소중한; 친애하는
407	social	사회적인; 사교적인
408	help	도움; 돕다
409	favor	호의, 친절; 부탁
410	classmate	반 친구
411	partner	짝, 동료
412	fellow	동료, 녀석
413	peer	또래, 동료
414	nickname	별명
415	secret	비밀
416	message	메시지; 교훈
417	harmony	조화
418	fight	싸움; 싸우다
419	enemy	적
420	elder	손위의; 나이가 더 많은
421	senior	졸업반 학생; 연장자; 고위의
422	matter	문제; 중요하다
423	share	나누다; 공유하다
424	together	함께
425	friendship	우정

DAY **17**

인간
관계

MP3

376	shop	가게, 상점; 쇼핑하다
377	store	가게, 상점; 저장고; 저장하다
378	market	시장
379	list	목록, 명단; 목록을 작성하다
380	brand	상표, 브랜드
381	own	자신의; 소유하다
382	coupon	쿠폰, 할인권; 응모권
383	sale	(할인) 판매, 세일
384	discount	할인; 할인하다
385	cheap	(값・요금이) 싼
386	expensive	비싼
387	goods	제품, 상품
388	item	물품; 항목
389	recycle	재활용하다
390	choose	선택하다
391	pay	지불하다
392	spend	(돈을) 쓰다; (시간을) 보내다
393	price	가격
394	money	돈
395	coin	동전
396	bill	지폐; 청구서
397	waste	낭비; 낭비하다
398	save	저축하다; 구조하다; 지키다
399	sell	팔다
400	take	사다; 가지고 가다; ~을 타다; (사진) 찍다

DAY **16**

쇼핑,
소비

MP3